Francisco Asensio Cerver

DIBUJO

para principiantes

Ramón de Jesús Rodríguez Rodríguez (texto)
Vicenç Badalona Ballestar (ilustraciones)
Enric Berenguer (fotografía)

KÖNEMANN

© 1999 Könemann Verlagsgesellschaft mbH
Bonner Straße 126
D-50968 Colonia

Dirección editorial, textos, diseño y maquetación: Arco Editorial, S.A.
Diseño de la portada: Peter Feierabend, Claudio Martinez
Producción: Ursula Schümer
Impresión y encuadernación: EuroGrafica, Marano Vicenza
Impreso en Italia - Printed in Italy

ISBN   3-8290-1936-X
10 9 8 7 6 5 4 3 2

SUMARIO

Materiales

EL DIBUJO COMO INICIO DEL PROYECTO ARTÍSTICO

El dibujo es la base de toda realización artística. Sólo a partir de la técnica del dibujo pudieron tener origen obras como la Capilla Sixtina, el Guernica y todo el legado artístico de la humanidad. Todas las obras de los museos y toda la arquitectura, es decir, todo el arte parte de un origen humilde y sencillo que se puede reducir a un simple lápiz garabateado sobre un papel. Como es comprensible, para comenzar a dibujar es necesario al menos una herramienta que raye y un soporte sobre el cual hacerlo.

Los materiales que se pueden utilizar para dibujar pueden ser tantos o tan pocos como el aficionado desee. En otra técnica de representación artística como el óleo, la acuarela o los acrílicos, es estrictamente necesario disponer de una cantidad mínima de herramientas para pintar; en cambio, para dibujar se necesitan tan pocos elementos que la persona puede hacerlo en cualquier lugar con sólo un lápiz y un papel. A medida que el aficionado se adentra en el mundo del dibujo, descubre nuevos materiales y opciones como carboncillos, cretas, sanguinas, pinceles, plumas; en definitiva, herramientas con un solo fin: trazar, rayar y manchar.

▼ El papel es el más sencillo de los soportes. Aunque, como se verá más adelante, existen muchos tipos y calidades de papel. A medida que se aprecia el dibujo, se desarrolla un especial amor por el material.

EL MATERIAL IMPRESCINDIBLE

Para comenzar a dibujar se puede partir de elementos tan sencillos y económicos como una libreta y un lápiz, o una barra de grafito o un carboncillo; todo lo demás son materiales accesorios. Los materiales básicos para poder dibujar se pueden encontrar en tiendas de bellas artes o papelerías.

▼ Para dibujar se necesitan también complementos materiales como trapos o un cúter.

Una barra de grafito y una pequeña libreta son suficientes para iniciarse de lleno en el mundo del dibujo.

CARPETAS, LIBRETAS Y ACCESORIOS

▶ *Las carpetas son la mejor opción para acumular, archivar y clasificar los trabajos. Existen carpetas de diferentes calidades, desde las más económicas realizadas con un cartón sencillo, hasta las más sofisticadas, hechas con materiales de alta resistencia, impermeables y con cremallera. Para guardar los trabajos en casa, las carpetas de cartón rígido con cordones son más que suficientes. Para transportar papeles de gran tamaño se pueden encontrar todo tipo de carpetas con asas; su precio no varía demasiado del de las otras.*

El dibujante puede desarrollar una extensa producción en un corto plazo de tiempo. ¿Qué se puede hacer con toda la casa llena de papeles?. La verdad es que, sin una buena organización, el desorden no invita a una tarea continuada y puede provocar el desánimo del dibujante más voluntarioso. El material debe estar bien organizado porque es la única manera de poder revisar cómodamente el trabajo que se realiza. Pero no sólo se debe organizar el dibujo; también tienen que estar ordenados los materiales que se emplean.

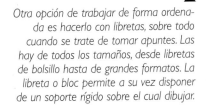

▲ *Otra opción de trabajar de forma ordenada es hacerlo con libretas, sobre todo cuando se trate de tomar apuntes. Las hay de todos los tamaños, desde libretas de bolsillo hasta de grandes formatos. La libreta o bloc permite a su vez disponer de un soporte rígido sobre el cual dibujar.*

▲ *Para guardar los útiles de dibujo, se recomienda disponer de una caja o plumier; éste es un modelo clásico, que consta de diferentes departamentos.*

EL CARBONCILLO

E l carboncillo es la herramienta de dibujo más maleable, antigua y sencilla que existe. Su origen se remonta a las primeras manifestaciones artísticas del ser humano. Como su nombre indica, consiste en madera carbonizada, por lo que permite rayar y trazar con un intenso color negro. Cuando se raya con carboncillo sobre un papel, el trazo es muy poco estable; basta tocarlo con los dedos para que se deshaga en polvo de carbón o carbonilla. Es precisamente esta inestabilidad lo que hace de éste un buen medio para aprender el dibujo, ya que se puede corregir muy fácilmente.

▼ Carboncillo en diferentes grosores. Los carboncillos se pueden adquirir en calibres muy variados y son herramientas que se gastan muy rápidamente, por lo que es aconsejable disponer siempre de unos cuantos. El carboncillo es muy frágil; por lo general, el dibujante siempre parte la barra en varios trozos, adecuados al tipo de trazo que vaya a realizar.

▶ Para comenzar a dibujar con carboncillo es suficiente una barrita, un papel y un trapo. El carboncillo es tan poco estable que cualquier intervención del mismo sobre la superficie dibujada hará que se borre muy fácilmente.

◀ La barra de carboncillo dibuja a lo largo de toda su superficie; aquí se muestran algunas posibilidades de trazos que se pueden realizar.

▶ El trazo del carboncillo se halla condicionado por completo al papel sobre el cual se dibuja. Conviene practicar sobre diferentes tipos de papel para apreciar cuán diferentes pueden ser los trazos obtenidos.

EL LÁPIZ Y SUS DUREZAS

Uno de los medios de dibujo más populares y utilizados es el lápiz. Está compuesto por una barra o mina que puede ser de diversos materiales (carbón, plástico, sanguina, grafito, etc.), y de un envoltorio de madera blanda (cedro) y sin veta que facilita el afilado sin astillarse. La calidad del lápiz se mira por las cualidades de sus dos principales componentes. La mina tiene que ser lo suficientemente compacta para no romperse; no obstante, se debe evitar que los lápices se caigan y la punta se dañe. La madera debe tener la suavidad adecuada y el secado correcto para que al afilar no se descame en astillas.

▶ Los lápices se clasifican por su grado de dureza. Para dibujo artístico que se aconsejan blandos, que parten del HB hasta las gamas más altas de los B. Los pertenecientes a la gama de los H, más duros, están destinados al dibujo técnico. Arriba, un lápiz de grafito 20B, muy blando; abajo, un 2H, duro.

▲

La dureza del lápiz figura impresa en un extremo del mismo. Las durezas están determinadas por la gradación de grises que permiten trazar una mina de lápiz. Los lápices blandos permite trazos muy oscuros, y van marcados con la letra B acompañada de un número. Cuanto más alto sea el número, el gris máximo que permitirá será más oscuro. Los lápices blandos llevan grabada la letra H, también acompañada de un número. Cuanto más elevado sea dicho número, el trazo que permitirá será más duro y fino. En esta imagen se muestra un lápiz HB; este lápiz se encuentra a caballo entre las dos durezas.

▼

Estos estuches de lápices son muy completos, pero no es necesario comprar uno entero; los lápices se pueden adquirir por unidades.

GRAFITO PURO

El grafito puro es una mina de tal grosor que no requiere la cobertura protectora del lápiz. Las barras de grafito son muy utilizadas por la mayoría de los dibujantes, ya que permiten una gran versatilidad en su trazo. Al no estar cubiertas por la funda de madera, su punta no queda limitada, sino que permite una gran variedad de trazos.

Modelos de barra de grafito puro. Su grosor no tiene nada que ver con la dureza; simplemente permiten trazos diferentes. La calidad del trazo de estas herramientas de dibujo supera con creces la de los lápices. Además las barras de grafito puro no pierden nunca su punta y manchan a lo largo de toda su superficie. ▶

▶ Los trazos de grafito, tanto de la barra como del lápiz, cuando son blandos, se pueden difuminar con la yema del dedo. Ésta será una gran utilidad cuando se desarrollen los diferentes ejercicios de dibujo.

Las barras de grafito puro tienen un sinfín de utilidades que, aplicadas al dibujo, facilitan posibilidades que el lápiz normal no puede igualar. Observe el trazo realizado con el canto de la punta; su amplitud permitirá cubrir en un momento una gran superficie del papel. ▲

▲ *El grafito puro permite una gran versatilidad en su trazo.*

Materiales

LA SANGUINA Y LAS CRETAS

▶ *Tres tonalidades tierra de barras de creta. Las cretas pueden tener gamas de colores muy variadas. Los más clásicos para el dibujo son los que se desarrollan a partir de los colores tierra.*

N o siempre es preciso dibujar con los tonos de gris y negro que se han visto hasta ahora. Entre los materiales de dibujo se debe tener en cuenta la presencia de las cretas y sanguinas. La creta se fabrica con carbonato cálcico preparado artificialmente, mezclado con cola y pigmentos; se vende en forma de barritas que permiten un trazo de dibujo rico en posibilidades. La sanguina está realizada con pigmento mineral aglutinado también con cola. Estos medios de dibujo permiten una gran gama de efectos y variaciones cromáticas y, combinados entre sí, pueden dar lugar a unos resultados muy interesantes para el dibujante.

Estuche de lujo de cretas en barra y en lápiz. Esta colección de materiales es una exquisitez destinada al uso profesional más caprichoso. Se puede apreciar una extensa gama de tonos. ▲

▲ *Barra de creta blanca (1), de sanguina (2) y de sepia (3). Estas tres barras son las más utilizadas por la mayoría de los dibujantes. Con estos tres únicos colores se pueden desarrollar gamas de todo tipo.*

SOPORTES PARA DIBUJAR

El papel, por sí solo, carece de consistencia para aguantar la presión de cualquier medio de dibujo. Para poder dibujar se requiere una superficie plana y estable sobre la cual el tacto del medio de dibujo sobre el papel no encuentre alteraciones de textura. Muchos de los materiales necesarios para montar un pequeño estudio en casa no son difíciles de encontrar. Algunos útiles facilitan dibujar del natural sin tener que apartar la vista del modelo; tal es el caso del caballete, del cual existen en el mercado distintos modelos con utilidades variadas.

El bloc de dibujo permite por sí solo disponer de un soporte estable, siempre y cuando no presente un tamaño excesivo. Cuando se dibuja sobre papeles sueltos, un tablero de contrachapado se hace del todo imprescindible para colocar el papel. Los tableros se compran en carpinterías, el corte de los mismos se hace por encargo. El tamaño ideal del tablero debe ser algo mayor que el papel que se fijará en él.

▼ *Un caballete permite colocar el papel sobre el soporte de forma vertical; éste se hace especialmente útil cuando el bloc es demasiado blando. Para utilizar el caballete es necesario también disponer de un tablero. Este caballete es de sobremesa, un modelo muy adecuado para aprovechar el espacio de la mesa de trabajo.*

Improvisar una mesa de dibujo es muy sencillo, tan sólo se necesitan dos caballetes como soporte y un tablero grueso para soportar la superficie sobre la cual trabajar. La mesa es imprescindible para realizar trabajos horizontales y también para colocar los materiales que se van a usar.

Materiales

Es importante conocer los diferentes medios de dibujo y las posibilidades que cada uno de éstos permite sobre el papel antes de comenzar a utilizarlos. Unos medios resultan ásperos; su arrastre no es del gusto de algunos artistas. Otros, en cambio, son suaves, aunque demasiado blandos. La línea que permiten los medios más duros es siempre más precisa que la obtenida con medios blandos, pero se hace mucho más difícil de corregir y los contrastes que se obtienen con ella resultan mucho más tenues.

Lápices de creta y lápiz de carbón. En esta presentación, las cretas permiten un procedimiento mucho más parecido al que ofrecen los lápices de grafito y facilitan la realización de líneas muy precisas y una gran variedad tonal. El gran inconveniente que presentan los lápices de carbón es su gran fragilidad.

▶ *Una gran innovación en el campo del dibujo es el pincel-rotulador. Dispone de una carga de tinta china, lo que facilita la continuidad del trazo. Este tipo de herramientas se puede adquirir en tiendas especializadas de bellas artes. El pincel-rotulador permite una gran variedad de posibilidades en el terreno del dibujo, aunque el tono es siempre uniforme.*

El carbón prensado (a la izquierda), presenta un tacto sedoso y suave; permite una gran gama de tonos que abarcan desde el negro intenso hasta el gris más sutil si se difumina. La barra de sanguina (en el centro) sobre el papel tiene un tacto arenoso, aunque permite una gran gama tonal. El lápiz de grafito blando (a la derecha) permite un trazado suave con una gran variedad de tonos.

DE LA MONOCROMÍA AL COLOR

Lejos de lo que piensan muchos aficionados, el dibujo no tiene por qué ser monocromo. Realmente cuesta trabajo establecer el límite entre el dibujo y la pintura, aunque algunos de los materiales que proporcionan color son indiscutiblemente útiles de dibujo. Se puede dibujar con cualquier color sólo obteniendo de este modo un resultado monocromo, o bien combinar diferentes colores con el fin de realizar una obra policroma.

▲ Con lápices especiales como éste, se puede realizar un dibujo de una gran expresividad. Su gran calibre permite trazos gruesos y todo tipo de escalas tonales. Este tipo de lápiz se encuentra en tiendas de bellas artes especializadas.

▲ Los lápices de colores resultan de gran utilidad en el dibujo, permiten desarrollar un planteamiento completamente dibujístico, sin dejar de lado las capacidades expresivas de la línea y el trazo, pero aportando el cromatismo de todos los colores que se desee. En el mercado existe una gran oferta de estos lápices, aunque lo más recomendable es disponer de un estuche de alta calidad.

◄

Los rotuladores también son considerados como herramientas propias de dibujo. Conviene que sean de calidad, ya que los escolares con el tiempo se degradan y su trazo llega a desaparecer por completo.

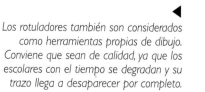

Materiales

Son muchos los accesorios que puede necesitar un dibujante, unos más fáciles de conseguir que otros. Cada artista acaba montando poco a poco su equipo de herramientas personales. Aquí se muestran algunos de estos materiales y accesorios. Este material no siempre se tiene que adquirir en tiendas de bellas artes; a veces se encuentra en droguerías, ferreterías o carpinterías.

▶ *Tablero para sujetar el papel (1) -que se adquiere en carpinterías-, bote de fijador en espray (2) -permite que los dibujos más inestables realizados con carboncillo, sanguina o creta se conserven permanentemente; se adquiere en tiendas de bellas artes-, chinchetas (3) -para sujetar el papel al tablero; se compran en ferreterías-, pinzas (4) -para sujetar el papel a la carpeta; se expenden en papelerías; las pinzas de tender la ropa también son válidas-, papel de lija (5) -sirve para afilar la punta de los diferentes medios de dibujo; se compra en ferreterías y tiendas de bricolage-, regla (6) -para medir; se encuentra en papelerías; conviene que sea lo suficientemente larga y elástica-, cúter (7) -imprescindible para cortar y hacer punta; se adquiere en ferreterías y tiendas de bricolage-.*

▶ *Es importante tener maquinillas sacapuntas adecuadas para cada tipo de lápiz, si se quiere evitar que la punta se parta.*

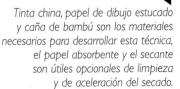

Tinta china, papel de dibujo estucado y caña de bambú son los materiales necesarios para desarrollar esta técnica, el papel absorbente y el secante son útiles opcionales de limpieza y de aceleración del secado. ◀

EL PAPEL

El papel es el principal soporte del dibujo, por este motivo hay que dedicarle una atención muy especial. Existe una gran variedad de papeles sobre los cuales poder dibujar. Tiene un grano o textura sobre la cual los diferentes medios de dibujo dejan un rastro; cuanto más grueso sea el grano del papel, el rastro del trazo será más evidente. Además del grano, los papeles se caracterizan por su gramaje, o peso; cuanto mayor sea su peso por metro cuadrado, más gruesos y resistentes serán.

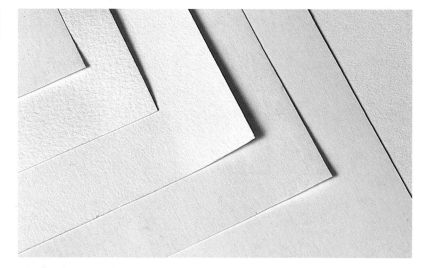

▶ Algunas casas fabrican papeles de color de alta calidad. Estos papeles permiten el trabajo con todo tipo de medios de dibujo. Sobre los papeles de color es posible trabajar también con realces de creta blanca.

Papeles de diferente grano y gramaje. Los papeles de marca son los mejores para dibujar; la calidad de su textura garantiza una superficie homogénea y estable. La marca de los papeles de calidad suele estar grabada al agua en una de sus esquinas. Esta marca es posible reconocerla cuando se mira al trasluz. ▲

Un par de ejemplos de cómo se puede trabajar con cretas blancas sobre el papel de color. ▲

▶ Papeles de estraza económicos. Estos papeles se utilizan sobre todo en la realización de apuntes. Los papeles para apuntes se compran al peso y son bastante económicos. Si se desea adquirir una buena cantidad de estos papeles, se puede acudir a alguna industria papelera o almacén de papel.

GOMAS DE BORRAR Y TRAPOS

Los materiales de limpieza son fundamentales en cualquier técnica de dibujo. En el proceso del dibujo se ensucia mucho el papel y cada tipo de medio requiere ser borrado o corregido con un material adecuado. Las gomas de borrar permiten eliminar trazos y manchas, así como limpiar perfectamente el papel; además de las gomas existen otros útiles que modifican o corrigen los trazos.

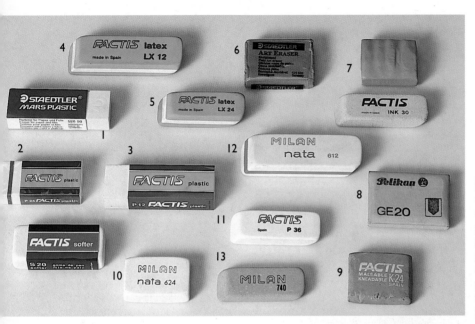

▶ *Extenso surtido de gomas de borrar. Cada una es adecuada para un determinado medio de dibujo: gomas de plástico (1-2-3), gomas de látex (4-5), gomas maleables, especiales para carboncillo y sanguina (6-7-8-9), gomas de miga de pan, suaves, especiales para lápiz utilizado sobre papeles delicados y satinados (10-11-12) y goma dura para tinta (13).*

▶ *Las gomas de borrar también se pueden utilizar para dibujar en negativo, es decir, trazar líneas borrando sobre superficies manchadas previamente. Estas gomas van incorporadas en portaminas especiales que permiten utilizarlas como si fueran lápices.*

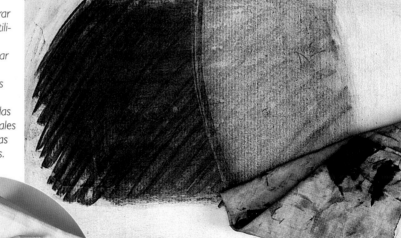

▶ *Trapos y difuminos. Los trapos son necesarios para limpiar el medio de dibujo y también las propias manos. Son una herramienta simple pero fabulosa cuando se trata de borrar cualquier mancha de carboncillo. Su uso es tan sencillo como sacudir la zona que se quiere limpiar. El difumino es una barrita de papel secante enrollado con el extremo en punta; permite extender el medio de dibujo en un suave degradado.*

▲ *Forma de borrar con un trapo sobre una superficie manchada de carboncillo.*

1

El carboncillo

TRAZOS CON CARBONCILLO

El carboncillo se puede utilizar como un medio de dibujo muy versátil; según como se coja, permitirá dibujar con la barra a lo ancho, de punta o plana entre los dedos. Cada forma de coger la barra permite un tipo de trazo determinado, que, a su vez, se puede aplicar al dibujo para lograr una gran variedad de opciones y resultados.

El carboncillo es uno de los medios de dibujo más aconsejables para iniciarse en el mundo de la creación artística. La barra de carboncillo puede presentar diversos grosores y pinta a lo largo y ancho de toda su superficie. Es un procedimiento tan inestable que se borra simplemente tocándolo con los dedos o con un trapo. Es importante prestar atención a los primeros rudimentos con esta técnica, ya que los detalles más insignificantes, como el borrado o la forma de trazar, serán indispensables para comprender los procesos más avanzados.

▶ *La barra de carboncillo se tiene que romper con los dedos para poder obtener los trozos de carboncillo necesarios. Basta una ligera presión para partir la barra en el tamaño que se desee. Este tamaño de carboncillo no debe ser ni muy pequeño ni demasiado largo; bastan unos cinco o seis centímetros. Con esta medida ya se pueden realizar todo tipo de trazos sobre el papel.*

▲ *Cogido como un lápiz, el carboncillo queda envuelto por la palma de la mano; esta forma de dibujar será muy familiar para todos los aficionados, aunque llegar a dominar el trazo es complejo ya que, a diferencia del lápiz, la parte superior del carboncillo queda oculta por la mano; el juego del trazo será sustentado por el movimiento de los dedos.*

▲ *Para trazar de este modo, se coge el carboncillo plano y longitudinal. Esta manera de dibujar permite la realización de líneas muy precisas y también unos trazos muy seguros ya que el carboncillo traza a lo largo de toda su superficie.*

▲ *Con el carboncillo arrastrado transversal, como se aprecia en esta foto, se pueden realizar trazos tan anchos como permita la barra; de esta manera es posible cubrir rápidamente de carbón una superficie considerablemente amplia.*

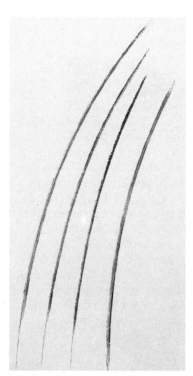

PLANOS DEL CARBONCILLO

Las diferentes caras del carboncillo ofrecen los trazos necesarios para manchar y lograr todo tipo de formas. Para dibujar no hace falta nada más que un carboncillo y un papel. Con estas simples herramientas es posible realizar todo tipo de trabajos pero antes hay que familiarizarse con este procedimiento de dibujo y aprender las diferentes posibilidades que permite la barra de carbón.

▶ *Si se coge el carboncillo de punta, como si fuera un lápiz, es posible realizar trazos rápidos dirigidos por el movimiento de la mano. Se trata aquí de trazar varias líneas de manera que en el trazo se puedan comparar las diferentes presiones. La primera precaución será siempre evitar que la mano que dibuja arrastre el carboncillo del papel.*

Cuando el carboncillo se coge plano y se traza longitudinalmente a su superficie, permite un trazo muy seguro, puesto que prácticamente resulta imposible que el trazo pueda temblar, ya que el mismo carboncillo hace de guía a su propio arrastre. Este procedimiento no permite dibujar con gran detalle, pero sí un tipo de esquema muy útil en el encaje o los primeros pasos de cualquier dibujo o trabajo pictórico. ▼

▶ *Con el carboncillo cogido transversal se pueden trazar líneas tan gruesas como el propio ancho de la barra. Como se puede apreciar en esta imagen, esta modalidad permite una rica variedad de combinaciones en el mismo trazado. Así, basta realizar un pequeño movimiento para que un trazo plano se convierta en transversal.*

CORRECCIONES Y USO DE LA GOMA DE BORRAR

Si se han realizado las pruebas de la página anterior, se podrá comprobar que el carboncillo no queda fijo sobre el papel y que los dedos quedan manchados. Gracias a esta cualidad será posible realizar todo tipo de correcciones en los dibujos que se realicen. Las correcciones se pueden lograr de varias maneras: con la goma maleable o con la mano y los dedos. Antes de comenzar a dibujar las cuestiones más sencillas, se debe practicar sobre el papel la forma de corregir y fundir el carboncillo.

◀

Se realiza un trazo con la barra plana y transversal; sobre este trazo se pasa la mano con pequeños movimientos circulares, utilizando solamente la yema de los dedos; el carboncillo del trazo se extiende y mancha el papel. A este proceso se le llama difuminado del trazo.

▼ *Se pueden realizar difuminados sobre todo tipo de líneas. Basta un trazo con el carboncillo de punta y pasar el dedo por uno de los lados de dicho trazo, para que todo este lateral se funda sobre el fondo. Si se presiona demasiado, es posible que el carboncillo, unido a la grasa natural de la piel, llegue a manchar el papel de manera irreversible. Si la presión del dedo es tenue, el fundido será muy suave.*

Las gomas más duras pueden dañar la superficie del papel y, por supuesto, se ensucian mucho más. Cuando se utilice otro tipo de goma será conveniente limpiarla cada vez que se ensucie. Antes de borrar con una goma limpia o lavada, ésta tiene que estar completamente seca.

▼ *La goma de borrar maleable se puede amasar con las manos para conferirle la forma que se desee. Según el perfil de la goma de borrar, se podrán realizar diferentes tipos de borrados o correcciones. Este ejercicio es muy sencillo: consiste en trazar sobre un papel con la barra de carboncillo plana y transversal hasta cubrir toda la superficie; se coge la goma de borrar y se abren diferentes blancos arrastrándola suavemente sobre la superficie del papel; cuando la goma se ensucie, se amasa y la parte sucia se embute hacia el interior, luego se puede utilizar nuevamente para volver a borrar o abrir blancos.*

COMBINACIÓN DE LÍNEAS

Una vez aprendidos los primeros rudimentos sobre el carboncillo, hay que ponerlos en práctica. Todas las formas de la naturaleza se pueden reducir a elementos muy sencillos con el fin de que se puedan comprender mejor sobre la superficie del papel.

Combinando adecuadamente las distintas formas de trazar con el carboncillo expuestas en páginas anteriores, se pueden dibujar formas aparentemente complejas. Preste atención a este ejercicio y compruebe cómo no resulta demasiado difícil comenzar a dibujar.

Para dibujar hay que utilizar un papel adecuado, de lo contrario es posible que el carboncillo patine sobre la superficie de aquél y no permita su trazo. El papel debe tener una textura que facilite la ligera abrasión del carboncillo. Por esto los papeles sin poro no son adecuados.

▼ 1. Para realizar rectas sin que tiemble el trazo, el carboncillo se coge plano entre los dedos y se traza longitudinalmente a su superficie. Primero, se dibuja una línea muy tenue, sin apretar demasiado; el mismo cuerpo del carboncillo sirve de guía a la línea y evita que se desvíe. Al lado de esta línea, se traza otra, realizada con mayor presión que la primera; cuanta más presión más denso será el trazo.

▼ 2. A partir de estas dos líneas se van a realizar trazos diferentes con el mismo carboncillo, pero esta vez con la barra transversal para trazar con el ancho de la misma. El grueso es tan ancho como la barrita, ya que ésta mancha en toda su superficie. Así se pueden dibujar rectas y curvas muy gruesas. Cuando un trazo plano en su recorrido gira sobre su base, su trazo varía hasta convertirse en una línea.

▼ 3. Cuanto más se presione el carboncillo sobre el papel más oscuro e intenso será el trazo. Se dibuja ejerciendo una fuerte presión sobre el papel en su zona izquierda. Aquí se realiza un giro del carboncillo. En la zona inferior se dibujan nuevos trazos alternando el trazo plano con el vertical. Con la barrita plana entre los dedos se dibujan líneas finas verticales en zigzag.

paso a paso
Un árbol

Este ejercicio pretende que el aficionado se familiarice con el carboncillo y con sus posibilidades de trazo. La realización de esta propuesta no es compleja. Se ha escogido un árbol porque presenta un esquema fácil de resolver y porque los elementos del paisaje tienen una mayor permisividad en cuanto a su representación que otros con un perfil más geométrico. Es posible que los resultados que obtenga no sean idénticos en cuanto a proporciones, pero seguro que lo que le saldrá será un árbol. En los primeros ejercicios no se pretende que el aficionado haga un dibujo idéntico al de la muestra; ésta debe ser únicamente un punto de referencia.

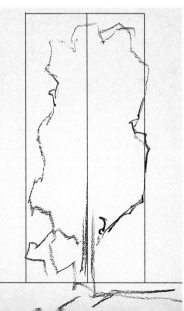

MATERIAL NECESARIO
Papel (1) y carboncillo (2).

1. *La forma del árbol podría encajarse perfectamente dentro de un esquema rectangular. En esta geometría se inscribe el contorno de la copa con el carboncillo de punta, así se permite un trazo mucho más suelto y libre. Este ejercicio no requiere formas demasiado precisas. El tronco del árbol sí requiere una mayor exactitud, por lo que en esta zona se debe trabajar con el carboncillo plano y longitudinal a su trazo; de esta manera el trazo será firme.*

2. *El trabajo de este ejercicio se realiza en muy poco tiempo, ya que prácticamente se podría solucionar con unos pocos trazos. Es importante que cada zona del dibujo tenga su tipo de trazo adecuado; se comienza a dibujar en la izquierda del árbol con la barra de carboncillo plana y transversal al trazo; de esta manera el arrastre de la barra mancha el papel con todo el ancho de la misma. Se tiene que partir la barra de carboncillo para cubrir de carbón sólo donde se precise. Este primer trazado no es demasiado apretado para producir un gris suave. Como se puede ver en este detalle, el fondo del papel se aprecia perfectamente después de plantear el trazo.*

A veces, la barra de carboncillo presenta zonas que no dibujan con el color típico de este medio, sino que muestran un trazo de color marrón que puede llegar a arañar el papel. Cuando esto suceda, lo más conveniente es cambiar de carboncillo o frotar éste sobre un papel o lija hasta que vuelva a mostrar un aspecto negro.

3. *En el lado derecho del árbol se dibuja con el trazo plano y transversal, siguiendo el dibujo anterior con el carboncillo de punta. Primero se dibuja con un trazo suave, no muy marcado. Después, justo en el perfil del árbol, se enfatiza la presión para obtener un gris un poco más oscuro. Observe que no se mancha toda la copa del árbol; algunas zonas se dejan en blanco, ya que corresponden a las partes más luminosas.*

4. *Cuando se ha manchado la zona derecha del árbol, se pasa el dedo suavemente y se extiende parte del color gris del carboncillo hacia la parte blanca del papel. Basta tocar ligeramente con la mano para borrar o restar presencia a un trazo de carboncillo por oscuro que resulte. Cuando se toque el carboncillo con los dedos, es aconsejable limpiarlos con el trapo, para eliminar el exceso de carbonilla y evitar de este modo manchar las zonas blancas del papel.*

5. *Se continúa con el oscurecimiento progresivo de la copa del árbol. Se utilizan cabos de carboncillo de diferentes medidas; de esta manera es posible lograr trazos planos y transversales de varias anchuras. Las partes que deben presentar sombras más densas se realizan con una mayor insistencia en el trazo. Para lograr el oscuro tan denso de la sombra del suelo, se utiliza el carboncillo de punta, al igual que para contrastar el lado derecho del tronco. Con el dedo manchado de carboncillo se traza una línea vertical en el centro del árbol.*

6. *El tronco del árbol se dibuja con varios trazos de punta, cogiendo el carboncillo como si se tratara de un lápiz; de esta manera es posible insistir en los oscuros con líneas finas que dejan el espacio suficiente como para que el fondo se vea más claro. Con la punta del carboncillo se comienzan a dibujar algunas de las ramas del árbol; de nuevo el carboncillo se coge plano y se trazan oscuros suaves en el lado derecho del follaje.*

> Si es necesario borrar alguna zona, se debe utilizar un trapo de algodón sacudiendo suavemente sobre el dibujo y sin apretar demasiado; en cambio, para devolver al papel su blanco original, lo más adecuado es limpiar la zona con la goma de borrar.

7. *Sobre el árbol completamente esquematizado se aumentan los contrastes de la copa con la barra plana y transversal. La zona de sombra de la parte inferior se contrasta mucho más con un fuerte trazado de punta. Por último, se dibujan unas líneas sueltas muy limpias en la parte derecha del cuadro. De esta manera se puede dar por concluido este primer ejercicio de dibujo, en el que se ha practicado con el trazo del carboncillo.*

Al principio, al no tener suficiente experiencia en la realización correcta de trazos, será conveniente que, antes de empezar un ejercicio, practique con el carboncillo y sobre un papel los distintos trazos que deberá ejecutar durante todo el desarrollo del proceso.

ESQUEMA-RESUMEN

En la copa del árbol se emplea un trazo plano y transversal.

El perfil del árbol se ha resuelto con el carboncillo de punta, dibujando la copa con un trazo limpio y suelto.

Para esquematizar el tronco se ha utilizado el carboncillo plano y longitudinal; de esta manera las líneas salen rectas y seguras.

La sombra sobre el terreno se realiza con el carboncillo de punta.

2

Líneas de dibujo

USO DE LA LÍNEA

La línea, en cualquiera de sus formatos, es el resultado de una actuación del carboncillo sobre el papel. No todas las acciones del carboncillo son líneas finas; si se traza a lo ancho, la línea se puede convertir en una mancha. Para comprender las formas, primero se debe partir de esquemas muy simples realizados con muy pocas líneas o trazos. Cualquier objeto, por complejo que sea, puede reducirse a estas líneas básicas y elementales.

Gracias a la correcta construcción de las líneas, es posible realizar todo tipo de dibujos. El carboncillo permite un proceso muy progresivo en cuanto a la elaboración del dibujo. Primero, se empezará con unos trazos muy simples y sobre éstos se construirán las formas más complejas. No será difícil realizar temas de cierta complejidad, si se estudian las páginas que vienen a continuación.

▶ Cualquier elemento de la naturaleza, por ejemplo esta manzana, se puede reducir a formas geométricas simples. Éste es un buen ejercicio para comenzar a estudiar las formas básicas de cualquier objeto.

▶ Las líneas no tienen por qué ser difíciles de realizar; basta coger la barra de carboncillo plana entre los dedos y con trazos longitudinales rodear toda la forma.

▼

Así como una forma de la naturaleza, por ejemplo, una manzana, se puede encajar en el interior de un esquema circular, con un poco de práctica se pueden elaborar formas mucho más complejas, como un centro de flores. Este sencillo ejercicio parte de una forma circular; el trazo se realiza con el carboncillo plano, y se dibuja más firme cuando se ha esquematizado el inicial.

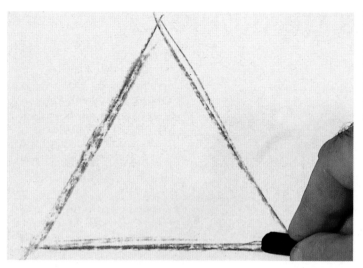

▶ **1.** *Dibujar un triángulo no es difícil. Con el carboncillo plano entre los dedos se esquematizan en primer lugar las tres líneas que lo forman; después, con el carboncillo de punta, se reafirma el trazo. Si fuera necesario borrar alguna línea, basta con sacudir la zona con la mano o con un trapo. Esta primera fase es muy importante y el esquema debe ser preciso ya que los trazos posteriores dependen de este trabajo inicial.*

LÍNEAS ESENCIALES

En la página anterior se ha visto una primera introducción al encaje. A partir de una figura tan sencilla como un triángulo es posible dibujar formas que aparentemente son mucho más difíciles. Las formas que tienen rectas se dibujan con el carboncillo plano entre los dedos, con trazos longitudinales y sin que pueda temblar el pulso. En el ejercicio que se realiza en este apartado se propone un planteamiento más complejo, aunque no resultará difícil si se presta atención a la estructura inicial del dibujo.

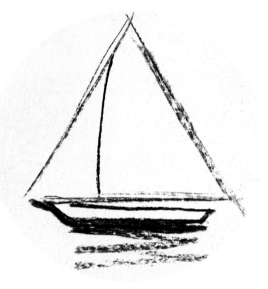

▼ **2.** *A partir del triángulo, se dibuja en la parte inferior una sencilla forma de trapecio. Esta parte inferior se intensifica con un segundo trazo con más presión. Por último, un trazo en zigzag a mano alzada permite representar el reflejo de este barco en el agua.*

▼ *Dentro de una figura triangular se puede encajar una gran variedad de objetos, como un ramo de flores. Sus formas son complejas, pero dentro de un encaje simple que las acote se pueden realizar mucho más detalladamente. Es muy importante que los primeros pasos se realicen con líneas suaves que permitan poder corregir con facilidad, si fuera necesario.*

> Esquematizar dentro de formas geométricas simples supondrá el primer paso en la realización de cualquier dibujo. Una buena visión del esquema de la forma comporta una ventaja previa muy grande a la hora de enfrentarse a la representación de cualquier objeto.

REAFIRMACIÓN DEL TRAZO

Se ha podido ver cómo las formas más simples dan lugar a otras mucho más complejas. Dentro de este tema se pueden practicar también las diferentes posibilidades que brinda el trazo dentro de la elaboración del esquema.

Es importante realizar siempre un boceto previo cuya evolución en el trazo debe ir acompañada de la seguridad de las líneas que lo forman. Cuanto más avanzado se encuentre el dibujo, los trazos serán cada vez más definitivos y se podrá realizar más variedad de éstos sobre el papel.

En el ejemplo que se propone en estas páginas es importante seguir con atención cada una de las fases del dibujo, sin pasar ninguna por alto.

> A partir de las formas básicas es fácil acabar de completar este dibujo. Las líneas accesorias, una vez sean ya inservibles, se podrán eliminar muy fácilmente con una simple pasada de trapo.

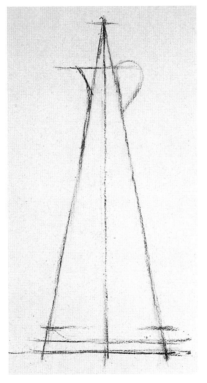

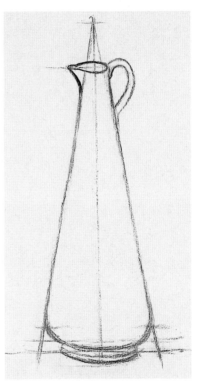

▼ **1.** *La primera fase debe ser siempre muy esquemática. Con el carboncillo plano entre los dedos se trazan líneas longitudinales a la superficie de la barra. Así, los primeros trazos, que son los que permiten una construcción correcta del modelo, se realizarán de manera muy limpia, sin apenas correcciones. Se traza una recta horizontal que forma la base del dibujo; perpendicular a ésta, una vertical servirá de eje de simetría. Primero se traza el primer lado del triángulo y a la misma distancia del eje de simetría se traza el otro.*

▼ **2.** *A partir del primer encaje triangular, es fácil dibujar la forma compleja de una jarra. Observe con qué sencillez se han esquematizado nuevas líneas que se superponen a las formas anteriores. Estas líneas se realizan con la suficiente limpieza como para que el dibujo no dé lugar a equivocaciones posteriores.*

▼ **3.** *El trabajo del encaje permite reafirmar el trazo cada vez más seguro a medida que se aportan trazos. Sobre el esquema anterior resulta mucho más fácil asegurar líneas más definitivas. Como los trazos iniciales han permitido una construcción muy exacta, los que se dibujan ahora se pueden realizar con el carboncillo de punta. Solamente se deberán repasar las zonas que se vayan considerando como definitivas; de esta manera se irán reafirmando los principales elementos del dibujo.*

Los elementos que pueden ser muy complejos de forma siempre se pueden encajar a partir de formas muy simples. Una vez que se ha realizado la forma general, dentro de ésta se pueden incorporar otros encajes que vayan cerrando la forma definitiva.

AJUSTE DE LA LÍNEA

La línea primeramente se esboza, después se esquematiza y por último, se ajusta a partir de un encaje inicial que pretende servir de guía durante todo el proceso del dibujo. El encaje se considera definitivo, se puede empezar la realización de diferentes trazos que se van superponiendo a los anteriores y así van concretando las formas en orden a definir y acabar el dibujo. De la misma manera que se comenzó el dibujo, con unos trazos suaves y luego se continuó con una mayor intensidad, se procede ahora: las primeras pasadas del dibujo serán con trazos suaves. Conforme se vaya avanzando, los trazos serán progresivamente más firmes e intensos e irán concretando y definiendo las formas con más precisión.

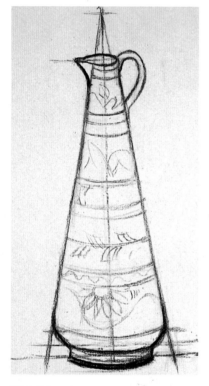

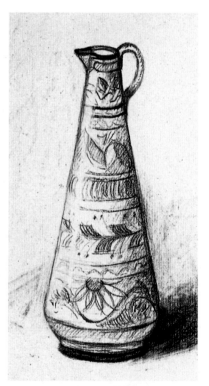

▼ 4. *Sobre el esquema anterior se van a realizar nuevas intervenciones con el carboncillo. Esta vez se coge de punta y se esbozan líneas suaves que insinúan los adornos de la jarra. La forma exterior de la jarra se encuentra completamente concluida; ahora se va a solucionar con un tipo de línea mucho más libre, no tan rígida. Cualquier error se puede borrar con la mano o con el trapo, aunque, si se emborrona demasiado, también se puede hacer uso de la goma de borrar.*

▼ 5. *En este paso se reafirman las líneas iniciales de la decoración, pero antes, con la goma de borrar, se eliminan todas las líneas que se utilizaron para construir el dibujo y que ya no son necesarias. Una vez eliminadas estas líneas superficiales, se refuerzan de nuevo los trazos importantes, tanto los internos como los externos. Los del interior se dibujan con la punta del carboncillo; los oscuros que rodean al jarrón con la barra de carboncillo plana y en sentido transversal. Los oscuros más densos de la derecha se trazan con mayor insistencia.*

▼ 6. *Los trazos se realizan cada vez más intensos y definitivos. Se realiza el oscurecimiento del lateral de la jarra con líneas inclinadas muy suaves. El oscuro de la sombra se ennegrece todo lo que el carboncillo pueda dar de sí. El acabado de los detalles decorativos requiere mucha atención y detenimiento. Después de remarcar las líneas más oscuras del interior con el carboncillo de punta, se refuerzan los oscuros de la base y del asa. Por último, con la goma de borrar se abre un blanco en el lateral izquierdo de la jarra.*

paso a paso
Bodegón con carboncillo

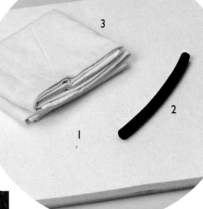

Para iniciar el dibujo es necesario partir de un buen esquema lineal. Cada trazo que se dibuje se debe realizar sobre seguro; para ello es fundamental construir en primer lugar una estructura muy sencilla sobre la cual se sustente el conjunto de líneas del dibujo.

A partir de un esquema básico muy simple, se pueden construir formas muy complejas. Con este ejercicio se pretende, además de practicar con los diferentes tipos de trazos, que el aficionado se familiarice con la estructura básica de los objetos, en este caso un centro de flores.

MATERIAL NECESARIO

Papel (1), carboncillo (2) y trapo (3).

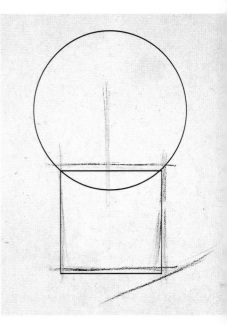

1. *Para comenzar a esquematizar el dibujo, se emplea la barra de carboncillo plana entre los dedos. El trazo se tiene que realizar longitudinalmente a la barra; de este modo se pueden realizar trazos largos y seguros. Si se observa atentamente el modelo, se puede apreciar que el conjunto de las flores se encuentra situado sobre una forma bastante sencilla; esto será lo primero que se va a situar sobre el papel. Se traza una vertical muy suave que ayuda a dividir visualmente el papel en dos. Con el carboncillo todavía plano, se traza una forma casi cuadrada, que corresponderá al volumen de la maceta.*

29

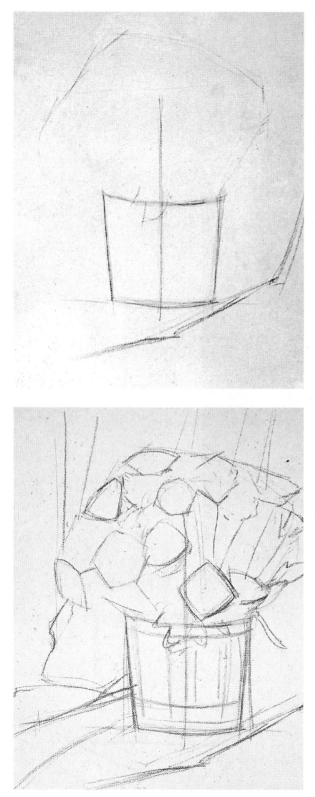

2. Con trazos realizados con el carboncillo plano y longitudinal, se marcan suavemente las líneas que completan
el encaje del modelo. Observe este punto en el que se
corrige la forma del tiesto. Se rehacen las líneas laterales,
estrechando la base de la maceta; la distancia de un
lado debe ser idéntica a la del lado contrario, y el eje de
simetría ayuda a calcular esta medida. Realizada esta
corrección, se pasa el trapo para eliminar las líneas
sobrantes de los lados, con lo que la maceta ya no es
cuadrada. Las flores se insinúan con trazos que
abarcan la forma en su totalidad, sin entrar en detalles.

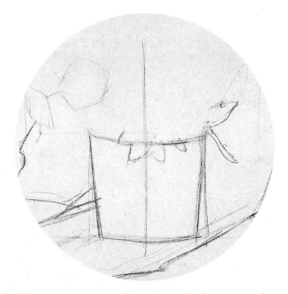

3. El esquema anterior ha permitido obtener una buena
guía para desarrollar otro esquema algo más detallado.
En todo momento se debe dibujar de manera progresiva, primero sin detalles y preocupándose siempre de
lo general antes que de lo particular. Se reafirman las
líneas que dan forma al tiesto, todavía con el
carboncillo plano, ya que permite un trabajo más
firme y seguro; de este modo se insinúa la curva de la
base. Con el carboncillo plano y longitudinal se sugiere
muy superficial mente la forma de las flores principales
y las líneas que enmarcan los pliegues de la tela.

4. Con la estructura de las líneas principales debidamente elaborada, es posible concretar más las formas
del bodegón. Si no hubiera sido por el esquema inicial,
las flores no hallarían su ubicación correctamente. De la
misma manera que se ha realizado el conjunto, ahora
las formas individuales se esquematizan nuevamente,
con formas generales; así el acabado del dibujo será
siempre progresivo. Cada una de las flores se representa con formas cerradas, todavía sin detalle alguno.

5. *Una vez que el esquema inicial se encuentra bien definido, es posible entrar en un dibujo más detallado, esta
vez con el carboncillo de punta, como si se tratara de un
lápiz. El esquema que enmarca cada flor sirve para definir el espacio exacto donde se tienen que dibujar sus
pétalos. En el dibujo de éstos el trazo se tiene que dibujar cada vez con mayor presión para restar importancia
visual a los trazos previos que han servido de guía.*

El carboncillo se gasta muy
fácilmente; por este motivo se
debe tener siempre a mano una
buena cantidad de barritas.
Como la barra de carboncillo
dibuja por toda su superficie,
siempre que se quiera trazar
una línea limpia y fina, la barra
mostrará un lado adecuado
debido al desgaste del resto.

6. *Con el trapo se eliminan todas las líneas accesorias que
han servido para la construcción del bodegón. No se
tiene que presionar en exceso para evitar que el carboncillo se incruste en la textura del papel; bastará una simple
sacudida si el carboncillo está sólo insinuado, para eliminar cualquier resto. No pasa nada si la línea no se puede
eliminar en su totalidad; lo realmente importante es poner
en relieve las líneas más definitivas. Como en el proceso
de borrado seguramente se habrán eliminado también
algunas líneas definitivas, ahora se tienen que recompo-
ner y, con ellas, también rehacer todo el dibujo. Se acentúan las líneas que definen las flores y la maceta y se traza
con mayor presión el perfil de las líneas del fondo.*

Cuando se dibuje debe evitarse
a toda costa la realización de
trazos cortados y superpuestos
(éste es uno de los principales
defectos de los aficionados).
El trazo tiene que ser continuo
y seguido, y exhibir una textura
enérgica en todo el recorrido
de la línea.

7. Prácticamente el dibujo se puede dar por concluido; las zonas más importantes del bodegón se encuentran terminadas. El trabajo que resta es un oscurecimiento del fondo, tanto el que queda entre las flores como el que hay detrás de las mismas. Para realizar esta última intervención se utiliza el carboncillo de punta; así se trazan líneas rectas muy oscuras y rápidas. Y también se utiliza el carboncillo plano y transversal, realizando grises de diferentes intensidades para definir las cortinas del fondo.

En cualquier trabajo de dibujo los diferentes pasos del proceso deben seguir un orden de menor a mayor, tanto en la concreción y el detalle de los trazos como en su intensidad.

ESQUEMA-RESUMEN

Las flores, después de ser esquematizadas con una forma general muy simple, se dibujan con el carboncillo de punta.

El inicio parte de un esquema muy simple, basado en la división del espacio con el carboncillo plano y longitudinal al trazo. La forma de la maceta se encierra dentro de un esquema cuadrado.

El fondo se dibuja con la combinación del carboncillo plano y transversal y también con trazos cruzados realizados con el carboncillo de punta.

Tras eliminar los trazos accesorios con ayuda del trapo, **se reafirman las líneas** del bodegón, esta vez con trazos seguros realizados con el carboncillo como si fuera un lápiz.

Composición y planos en el encaje

LA COMPOSICIÓN

La composición consiste en la búsqueda del equilibrio entre los diferentes elementos del cuadro. Componer forma parte del encaje, ya que es en este primer proceso cuando se estructura cada una de las partes del dibujo. En la composición de los elementos individuales se deben tener muy en cuenta las proporciones entre cada una de las partes que forman el modelo, y en la composición de varios objetos también se tienen que observar las proporciones entre éstos.

En el tema anterior se ha podido estudiar cómo los objetos se pueden esquematizar con líneas sencillas y, a partir de dicho encaje, elaborar formas complejas. Los objetos que se plantean como conjunto requieren un estudio de la situación de los elementos para construir el dibujo según un equilibrio estético. A este estudio de reparto de los objetos en la superficie del cuadro se le llama *composición*. Para componer bien es necesario practicar bastante, aunque ésta no es una de las cuestiones más complejas del dibujo. Además del reparto de los objetos en el cuadro, otra de las cuestiones propias de la composición es la separación de planos en el modelo; los planos de situación se establecen a lo largo del encaje.

► 1. *La composición en el dibujo se inicia por los elementos individuales. El presente ejercicio consiste en el dibujo de una tetera, teniendo en cuenta las proporciones internas entre las partes de que consta.*

► 2. *Al dibujar el cuerpo de la tetera, muchos aficionados la encajarían dentro de un círculo, pero, si se observa con atención, su forma no es circular sino ligeramente achatada. Al continuar con la construcción de la tetera hay que encajar el surtidor; éste se debe situar casi centrado. La boquilla debe superar el límite del nivel del cuerpo.*

▼
3. *De la misma manera que se estudian las distancias entre la boquilla de la tetera y la base de la tapa, se debe hacer lo mismo con la parte superior del asa y la base, de manera que en este espacio se pueda situar la tapa con el asidero, dejando el espacio correspondiente. En este primer ejercicio se pueden realizar esquemas y medidas sobre un papel aparte. Si fuera necesario, se pueden establecer las medidas a partir de este mismo ejemplo.*

▶ *Este modelo se encaja dentro de una forma casi triangular, en la cual los vértices están perfectamente establecidos por los elementos de las esquinas. El tipo de composición triangular es muy frecuente y permite resolver fácilmente temas de cierta complejidad. Como se puede observar en esta imagen, no es aconsejable organizar el bodegón o el modelo que vayamos a dibujar con una simetría exacta. La asimetría siempre aportará un mayor interés compositivo al conjunto.*

SITUACIÓN DE LOS ELEMENTOS

Para situar correctamente los elementos en el modelo, antes se debe saber ver el conjunto como si se tratara de un todo único. El encaje general ayuda mucho en esta manera de proceder. Como los elementos individuales, el conjunto de formas también se tiene que construir observando las proporciones entre cada una de las partes de los objetos. Se presentan en esta página tres sencillos ejercicios, cada uno de ellos compuesto por varios elementos. Sobre éstos se esquematiza la forma general de la composición. Dibuje dicha forma en el papel. Si se comparan los tres ejemplos de esta página, se pueden encontrar dos puntos comunes a todos ellos: las formas compositivas no son simétricas y en ningún momento se encuentran centradas.

▶ *Cuando se combinan elementos de alturas similares, como en este caso, la composición deja de ser triangular para adquirir una forma poligonal más compleja. El esquema de la composición se hace más laborioso, y, al mismo tiempo, también aumenta la cantidad de puntos de referencia. Éstos constituyen los diferentes vértices de la composición. Cuando las medidas se trasladan al papel, es importante tener en cuenta tanto las distancias que existen entre los puntos que limitan los objetos, como las de estos puntos con respecto a los márgenes del cuadro.*

> La composición general se debe reducir a formas sencillas que se desarrollen posteriormente en otras más complejas.

▶ *Como se puede observar en este ejemplo, cualquier composición, por compleja que parezca, puede ser esquematizada por líneas que permiten una rápida comprensión de la forma general.*

1. *El encaje es la representación de un tema mediante unas líneas sencillas a través de las cuales el modelo queda perfectamente acotado. En el proceso del encaje, primero hay que observar detenidamente el modelo e intentar estructurar su forma. Una buena observación es una de las principales bases del dibujante.*

LOS DISTINTOS PLANOS Y LAS PROPORCIONES

En el apartado anterior se han podido observar algunas composiciones y sus esquemas básicos. La composición de los objetos en el cuadro no solamente se limita al esquema de las formas externas; esto sólo es el inicio de la estructura del dibujo. Conviene repasar el primer punto de este tema, donde se estructuraba la composición dentro de un objeto concreto. Este mismo recurso es el que se debe emplear para conjuntos de elementos. A continuación se muestra cómo calcular las proporciones de cada uno de los objetos o planos de la composición.

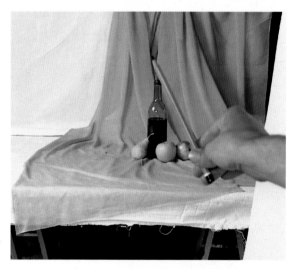

2. *El espacio se puede dividir de varias maneras: sobre el modelo real, relacionando las formas con elementos sencillos. Una vez que se ha comprendido el modelo, se puede dibujar sobre el papel el encuadre, la composición y el encaje. Así se puede detectar la inclinación de las líneas de la composición. Para apreciar el efecto se debe cerrar un ojo.*

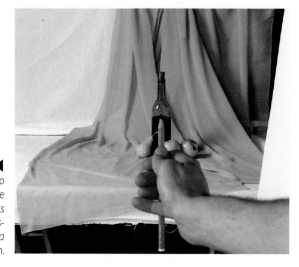

3. *Si se estira el brazo y se toma el lápiz o la barra de carboncillo como referencia, es posible situar las medidas sobre el papel con bastante precisión. De esta forma se pueden comparar las proporciones entre los objetos del cuadro; así, por ejemplo, con esta medida se establece la distancia que hay entre la base de la botella y el límite del vino; esta medida es la misma que existe desde el vino hasta el tapón.*

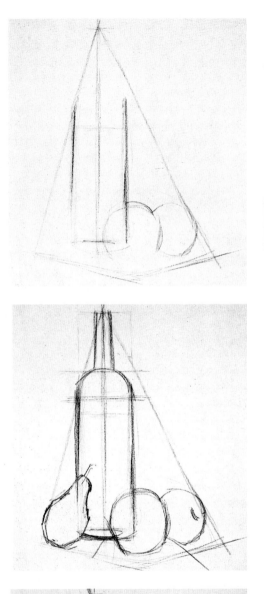

▶ **1.** *En este ejercicio el esquema de la composición presenta una forma triangular perfectamente definida. La base no es completamente plana ya que la manzana central provoca un nuevo vértice que aumenta el dinamismo de la forma del conjunto. La altura de la botella marca el vértice de la forma triangular. Esta primera fase se realiza con un trazo plano y longitudinal, para conseguir marcar las líneas rectas con la mayor precisión posible.*

LÍNEA Y TRAZO EN LA COMPOSICIÓN

Una vez se ha estudiado el modelo y se ha podido descubrir la estructura de su composición y cómo se encuentran distribuidos los diferentes planos, se construye el encaje antes de comenzar el dibujo propiamente dicho. En el proceso de la construcción se tiene que considerar en primer lugar la forma general, y después los elementos y sus proporciones. Se propone en esta página un ejercicio a partir del modelo de la página anterior, que consiste únicamente en la elaboración de su esquema compositivo.

▶ **2.** *A partir del encaje inicial se pueden concretar las formas de todos los objetos de su interior. Esta vez el dibujo se realiza con el carboncillo de punta para tener un mejor dominio del trazo corto. Así se esquematizan las otras frutas. Una vez planteado el presente esquema, las líneas que han servido para encajar y componer el bodegón ya no son útiles, por lo que se pueden borrar. Siempre que existan formas o planos que se superpongan, se deberá dibujar como si fueran transparentes; de esta manera se puede observar dónde comienza y termina cada línea.*

> Como la realización del esquema compositivo de un modelo es un paso que resultará efímero a lo largo de todo el proceso, se debe realizar con un trazo suave, sin presionar, para facilitar su posterior y necesaria eliminación, una vez cumplida su función.

▶ **3.** *Una vez encajado todo el conjunto compositivo del cuadro, se tienen que reafirmar las líneas y eliminar las que dieron lugar a éstas. Sólo queda definir la forma de las curvas y las líneas del interior de la botella.*

paso a paso
Frutas y botella

A lo largo del tema se han podido estudiar diferentes aspectos sobre la composición y su encaje. Si se presta la debida atención a estos primeros pasos en el modelo, se tendrá una gran ventaja sobre el mismo. La comprensión de los elementos que componen el modelo, así como de la forma de cada uno de los mismos, se entiende mucho mejor cuanto más estructurado se encuentra. Esta propuesta va más allá del último ejercicio del tema; aunque los elementos son similares, se estudia más a fondo la estructura de todos ellos, así como la superposición de los planos que ocupan.

MATERIAL NECESARIO

Papel de dibujo (1), carboncillo (2), barra de carbón prensado (3), goma de borrar maleable (4), trapo (5), pinzas (6), tablero (7) y fijador para carboncillo (8).

1. *La composición básica de este bodegón es triangular. La botella desplazada hacia la derecha marca la altura que debe servir de referencia para todos los elementos. Una vez comprendida la composición triangular del conjunto, conviene esquematizar cada una de las formas por separado, teniendo en cuenta la relación de situación y medidas que hay entre ellas. La base de la ciruela está situada ligeramente más alta que la de la botella; la manzana se interpone entre el plano de la botella y el de la ciruela.*

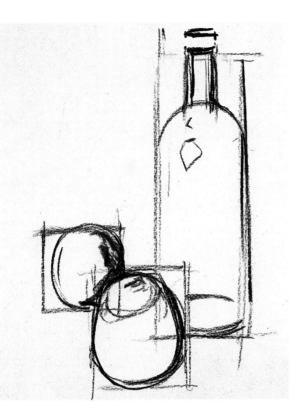

2. *El esquema de formas cuadradas utilizado en esta ocasión permite una buena aproximación a lo que serán las formas definitivas del dibujo. La manzana y la ciruela son fáciles de realizar a partir del cuadrado que las enmarca. Para dibujar la botella se esquematiza la forma semicircular de la base del cuello, y a partir de ésta se dibuja el cuello.*

3. *Una vez esquematizado cada uno de los elementos del bodegón, se dibujan los oscuros y los detalles. Se dibuja con el carboncillo de punta en la zona de la ciruela más próxima a la manzana. Un trazo enérgico y fuerte permite obtener un tono negro muy profundo. Se pasa el dedo suavemente hasta cubrir por completo toda la forma de la ciruela. De nuevo se vuelve a trazar para oscurecer más la zona de sombra. Con la goma de borrar se abre el brillo de la ciruela.*

4. *Se acaba de reafirmar el encaje de la botella, esta vez con líneas mucho más definitivas que alargan y estilizan el cuello. Con unos pocos trazos realizados con el carboncillo de punta se oscurece el perfil de la botella. Con los dedos manchados de carboncillo se emborrona todo el interior de la botella dejando en claro las zonas que deben ser más luminosas. En este oscuro para representar el brillo se abre un blanco con la goma de borrar.*

5. *Con los dedos todavía manchados de carboncillo se acaba de manchar la manzana; esta vez no conviene que el tono sea demasiado oscuro a fin de que contraste con el de la ciruela. En este tipo de ejercicios, la goma de borrar es de suma utilidad puesto que permite limpiar zonas que se han ensuciado por error, o, como en este caso, abrir blancos para representar los brillos sobre una superficie manchada con carboncillo.*

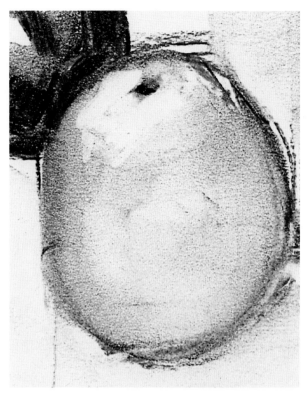

La composición busca la armonía entre las formas y el espacio que éstas ocupan. Los elementos se tienen que colocar de manera que no estén ni demasiado centrados y juntos ni tampoco demasiado dispersos.

6. *Si no se quiere que el dibujo realizado hasta ahora se vuelva a alterar por algún accidente o percance, se puede hacer uso del fijador en espray para fijarlo. Antes de hacerlo, se tiene que estar completamente seguro de que se han borrado todas las líneas accesorias ya que, una vez fijado, ya no se podrá borrar. Después de fijar el dibujo, sobre el trabajo anterior se trazan los máximos contrastes, tanto en el cuello como en la base de la botella.*

El encuadre de la composición constituye una gran ayuda en el reparto y aproximación de los elementos del modelo sobre el papel.

7. Por último se dibujan algunos oscuros muy densos sobre la ciruela, para que se separe perfectamente del plano de la manzana. Estos últimos trazos tan densos se realizan con carbón prensado, ya que éste permite unos negros mucho más oscuros que el carboncillo. Sobre la botella también se dibuja algún oscuro que se difumina suavemente con los dedos. También con los dedos manchados de carbón, se contrasta la manzana, donde se vuelven a abrir los blancos de los brillos. Tras dibujar y difuminar las sombras sobre la mesa damos ya por concluido este trabajo.

Si quiere evitar que su trabajo con carboncillo se emborrone o pierda consistencia, es preciso que, una vez terminado, lo rocíe con espray para fijarlo. Con ello el carboncillo y con él el trabajo quedarán permanentes.

ESQUEMA-RESUMEN

Cada uno de los elementos del bodegón se esquematiza dentro de **un esquema rectangular.**

La goma de borrar permite abrir zonas muy puntuales de brillo.

La base de la ciruela está ligeramente por encima de la de la botella.

Los trazos se superponen mientras se construyen los planos de la composición.

Dibujo con sanguina

LA SANGUINA, OTRA VISIÓN DEL DIBUJO

El trazo de la sanguina es complementario de cualquier otro de los medios secos que existen. A continuación se propone un sencillo ejercicio para practicar la integración de la sanguina y el carboncillo.

La sanguina permite un sinfín de posibilidades de tono y su uso es prácticamente igual que el carboncillo; sin embargo, los resultados que ofrece hacen que aparente ser un medio diferente. El dibujo con sanguina es uno de los más bellos que se pueden realizar. La calidez que proporciona el trazo de la sanguina no se puede comparar con ningún otro medio de dibujo. Además, tanto el rastro de la sanguina como sus degradados se combinan perfectamente con otros medios de dibujo como el carboncillo.

▶ 1. *La forma de esta fruta parte del círculo ligeramente deformado en sus zonas superior e inferior. Cuando se inicia la línea definitiva, con un trazo fino pero seguro se dibuja la pequeña entrada de la zona superior. Sobre el encaje se manchan los oscuros de la nectarina con la barra de carboncillo plana entre los dedos. En la zona izquierda el arrastre del carboncillo no es demasiado fuerte; sólo plantea el primer tono. En la derecha, por el contrario, la presión es mucho mayor. Con un cabo de sanguina similar al carboncillo se mancha en la izquierda con la barra plana entre los dedos. Como se puede apreciar en este ejemplo, carboncillo y sanguina son dos medios que se integran perfectamente.*

2. *Se sacude suavemente el papel en aquellas zonas donde existe un exceso de contraste. Con la yema del dedo se difumina la sombra más oscura del carboncillo. Por último, se concreta la forma con la barra de sanguina dejando en blanco la de los brillos. Con la sanguina se traza suavemente, pero con insistencia en las zonas donde ésta debe intensificar su tono rojizo.* ◀

POSIBILIDADES CON LA BARRA

Como los elementos individuales, el conjunto de formas también se tiene que construir observando las proporciones entre cada una de las partes de los objetos. A continuación se ofrecen tres sencillos ejercicios compuestos por varios objetos, sobre los cuales se ha esquematizado la forma general de la composición. Dibuje dicha forma en el papel.

▶ **1.** *Se parte la sanguina, si es nueva, más o menos por la mitad de la barra; de este modo se obtienen dos trozos. Se coge la barra plana entre los dedos y se comienza a dibujar con ella de manera transversal al trazo. Como se puede constatar, el tacto sobre el papel se diferencia del carboncillo; la sanguina cubre con más densidad y resulta ligeramente más arenosa.*

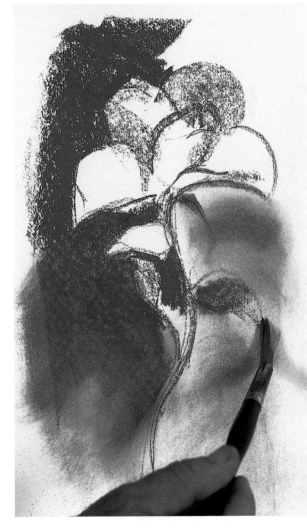

▼

2. *El trazo de punta de la sanguina resulta más preciso que el que se puede dibujar con el carboncillo. Así se trazan las líneas que perfilan las hojas y los pétalos de la izquierda. El trazo se tiene que realizar seguido, sin romperlo. Con la barra de sanguina de punta el trazo puede ser similar al que se logra con un lápiz.*

▶ **3.** *Según la presión que se ejerza con la barra de sanguina sobre el papel, se puede cubrir por completo toda una zona hasta cerrar el poro de éste. En la izquierda del dibujo se cubre todo el fondo con fuerte presión de la barra plana. La sanguina se puede aplicar también con pincel; con uno de cerda gruesa se emborrona el lado derecho del dibujo, con lo cual se logra un difuminado muy especial.*

EL PAPEL DE COLOR Y LA SANGUINA

La sanguina presenta una apariencia cálida y opaca, con las mismas posibilidades de difuminado que el carboncillo. Esta característica se puede unir a la tonalidad de un papel de color para lograr un intenso efecto de integración entre los medios de dibujo. Los tonos del papel de color se llegan a unir perfectamente a los que permite el medio de la sanguina. En este ejercicio se va a utilizar de nuevo sanguina y carboncillo, pero sobre un papel de color; aunque el proceso es igual de sencillo que el ejercicio anterior, la diferencia de acabado y textura es evidente.

1. Se propone un ejercicio sencillo basado en el dibujo de una fruta con dos tonos, uno de carboncillo y otro de sanguina. El encaje previo se realiza con carboncillo. Con la barra plana se dibujan las zonas de sombra. El trazo de la sombra se efectúa muy fácilmente con la barra de carboncillo plana; se pasa después el dedo sobre su contorno para fundir el perfil del trazo sobre el papel.

▼ *2. Sobre el carboncillo se dibuja con la barra de sanguina; el brillo de la fruta se deja sin dibujar por lo que queda visible el color del papel. Con la yema de los dedos se desliza la sanguina sobre el carboncillo hasta que se funden los dos tonos. Si el brillo se ha cubierto, se vuelve a abrir con ayuda de la goma de borrar.*

▼ *3. Se traza todo el fondo con un negro denso y cerrado; ahora la fruta y la mesa donde se apoya adquieren una luminosidad y un volumen considerables. Con el fondo completamente oscurecido con carboncillo, la fruta adquiere un volumen muy realista, ya que se destaca perfectamente del fondo.*

POLVO DE SANGUINA Y PINCEL

▶ 1. *La sanguina se puede aplicar de formas diferentes sin que se pierda el carácter de dibujo que la caracteriza. En su manufacturación, se le añade goma arábiga disuelta en agua, para hacer la pasta que, una vez seca, da lugar a la sanguina. Si se raya una barra o se presiona fuertemente, se pulveriza. Este ejercicio consiste en trabajar con polvo de sanguina y pincel. Para que el polvo se adhiera al papel, el pincel tiene que estar humedecido con agua.*

Un buen método para lograr polvo de sanguina muy fino es frotar suavemente la barrita sobre un papel de lija de grano fino. El polvillo resultante se puede depositar sobre un papel y cogerlo directamente con el pincel.

▲ 2. *Se utiliza un pincel de cerda humedecido con agua para que el polvo de sanguina se adhiera al mismo. Así se puede comenzar a dibujar sobre el papel con la sanguina pulverizada. Primero, se esboza la cabeza del caballo con un trazo fino. La humedad del pincel no es para diluir el polvillo, ni tampoco para mojar el papel, sino para que la sanguina se adhiera al mechón del pincel; de esta manera, la sanguina que se dibuja sobre el papel puede corregirse con una simple sacudida de trapo.*

▲ 3. *Por último, se trazan las líneas que acaban de contrastar las zonas más oscuras. Estos trazos se pueden realizar algo más húmedos para que la sanguina se compacte sobre el papel. De todas maneras, al concluir el trabajo es conveniente rociar el dibujo con espray fijador para que el dibujo permanezca estable.*

paso a paso
Encaje con sanguina

La sanguina es un medio de dibujo de una gran variedad de soluciones, permite todo tipo de trazos y destaca lo suficiente cuando se pinta sobre papel de color. Esta gran variedad de recursos hace de la sanguina un medio especialmente adecuado para la propuesta que se presenta a continuación. Se va a realizar un primer apunte de modelo. Tal como se ha procedido hasta ahora, el encaje será la cuestión previa a desarrollar, unas líneas generales donde se agrupan formas geométricas simples que poco a poco toman forma.

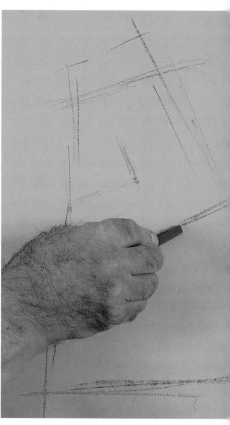

MATERIAL NECESARIO
Papel de color (1) y sanguina (2).

1. *Antes de empezar a dibujar, debe hacerse el esfuerzo de intentar entender la forma general como una figura geométrica lo más simple posible. ¿Dentro de qué forma se podría encerrar esta figura?. Si se tira una recta desde el brazo, parece que llega a coincidir con el pie. Estas primeras líneas se realizan con el canto de la barra de sanguina. La base de la figura se resuelve con una línea recta; el lado derecho se cierra con una línea inclinada; el resultado general es una forma casi triangular. Solucionado el esquema externo, las formas interiores se esbozan del mismo modo: primero se esquematiza el hueco del brazo y el pecho; después la inclinación que marca la pierna.*

2. *Después de trazar la línea de inclinación de la pierna se hace lo mismo con la que sitúa la línea del brazo. En la zona superior de este encaje triangular se esboza la forma de la cabeza. Como se puede constatar, también tiene una forma geométrica. Como antes se enmarcó el hueco que queda entre el cuerpo y el brazo, ahora resulta sencillo situar los pechos y encajar el brazo sobre el que se apoya la cabeza. Ahora, con la sanguina de punta, se marca la línea donde nace el muslo.*

Las líneas que se sitúan sobre el papel deben tener una función exclusivamente constructiva. Antes de realizar ningún trazo más, conviene que se repase visualmente todo el ejercicio y se intente encontrar la equivalencia de cada una de las líneas que se dibujen con las del modelo fotográfico.

3. *Se acaba de esbozar la forma del brazo izquierdo, siguiendo la pauta de la línea inclinada que acaba en el muslo y de la que esquematiza todo el lateral derecho. La línea que se extiende del inicio del muslo hasta el brazo marca la extensión de la pierna. Con un trazo limpio se acaba de situar la pierna que se apoya en el suelo. Se coge un cabo de sanguina y con éste plano entre los dedos se plantean los principales oscuros.*

4. *Los oscuros que se acaban de dibujar en el paso anterior separan los diferentes planos en el dibujo, además de aportar corporeidad a la figura. Con la barra plana se contrastan aún más estas zonas oscuras, dejándose sin manchar las más luminosas. Observe cómo se solucionan las piernas. Las rodillas se dejan como luminosos puntos de luz. Con la barra de sanguina longitudinal al trazo, se acaba la pierna que se apoya en el suelo.*

5. *La figura poco a poco va adquiriendo forma. Las correcciones que se deban realizar se harán sobre la marcha. No importa que se superpongan diferentes líneas, siempre y cuando eso sirva para lograr una mejora en el esquema general y eviten la confusión. Las líneas principales ya están definidas. Ahora, con la barra plana se dibujan algunos contrastes suaves en el torso y en la sombra del asiento.*

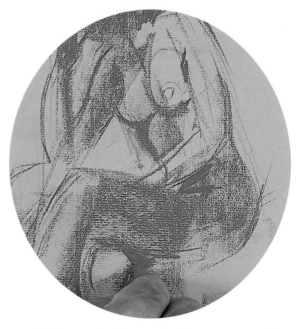

6. *Así se emplea la sanguina de punta para realizar el oscuro de la pierna superpuesta. Al situar los oscuros más densos, los tonos medios y los más luminosos ganan en brillo gracias al contraste que se establece.*

7. *El esquema de la figura ya se encuentra completo. Ahora se pueden reforzar las líneas que dibujan brazos y piernas con un trazo mucho más suelto y seguro. Con la sanguina de punta se incrementan los oscuros más densos y se contrasta fuertemente el fondo. Así se da por concluido este apunte de figura. Como se ha visto, no se han trabajado detalles y todo el dibujo se ha centrado en todo momento en la idea del esquema y de la construcción a partir de formas simples.*

Como en cualquier otro medio de dibujo, en sanguina el esquema básico del trabajo debe concentrarse en el dibujo del conjunto. Los detalles y matices deben reservarse para fases posteriores del proceso.

ESQUEMA-RESUMEN

El esquema inicial encaja la figura en una forma casi triangular; éste se realiza con la barra de sanguina plana y con trazos alargados.

Los máximos contrastes de las sombras de la figura se dibujan con la sanguina de punta para permitir un mejor perfilado.

Las primeras líneas siempre son más esquemáticas; la línea de la pierna, el brazo y el esquema del hueco entre el brazo y el torso permiten recortar más la forma en torno a la figura.

Las sombras se marcan con la barra de sanguina plana, con diferentes grados de presión, según la intensidad de la zona.

5 Realces con creta blanca

DIBUJO Y REALCES EN BLANCO

Un realce no es más que una aportación de un tono mucho más luminoso que el papel y que los otros medios utilizados. Por lo general, cuando se dibuja sobre papel de color, los tonos que se pueden desarrollar con carboncillo o sanguina se ven limitados por el propio color del papel; no obstante, este defecto se puede solucionar y superar si se añaden aportes de color blanco; el contraste es tan fuerte que el dibujo adquiere un nuevo interés.

Los tonos que se pueden dibujar sobre el papel pueden ser tantos, que cualquier tema, por complejo que resulte, aunque esté compuesto por una gran variedad de formas y colores, puede representarse a partir de las diferentes gradaciones que permiten los medios de dibujo. En el tema anterior se ha estudiado cómo se utiliza la sanguina sobre el papel de color; si además los brillos se refuerzan con creta blanca, el efecto sobre el fondo de color adquiere una gran prestancia.

▶ 1. *El color de la sanguina se percibiría poco sobre un papel tan oscuro como el utilizado aquí; por ello se va a dibujar con los dos medios que permiten un mejor contraste sobre un tono de papel terroso, con carboncillo y con creta blanca. Primero, se esboza el paisaje con carboncillo; se traza la línea del horizonte y se mancha bastante apretado todo el oscuro que corresponde al cielo, dejando sin manchar la zona de las nubes.*

En un trabajo con sanguina, si las zonas más luminosas se trabajan con creta, se logrará un efecto mucho más impactante.

2. *La zona de las nubes se pinta por completo con creta blanca. Se pasa la mano sobre la creta blanca, se difumina sobre el fondo del papel y con los dedos se da forma a las nubes. Se manchan algunas zonas con carboncillo y se vuelven a difuminar con los dedos; la fusión provoca diferentes tonalidades de gris. Por último, se dibujan de manera muy directa las zonas más luminosas con creta blanca y se deja sin difuminar. La creta blanca permite todo tipo de trabajos de trazo o de fusión.*

▶ **1.** *El encaje de la forma es siempre una cuestión fundamental en el dibujo. Es un proceso tan sencillo y elemental que a menudo no se tiene en cuenta, siendo esta omisión el origen de dibujos mal proporcionados y mal construidos. Sin un encaje correcto no resulta posible realizar un buen dibujo. La forma de la manzana se traza lo más limpia posible: sin sombras, con tan sólo las líneas principales. Con un trozo pequeño con el carboncillo plano y en sentido transversal, se marcan las principales zonas de sombra. La parte más iluminada se deja sin manchar. Se dibuja también la sombra que proyecta la manzana.*

USO DE LA CRETA BLANCA

Antes se ha visto cómo la creta blanca compensa la falta de luminosidad sobre el papel de color y sobrepasa la que se logra sobre papel blanco. Aquí se ha escogido una manzana como modelo del ejercicio; El proceso de elaboración es idéntico al anterior pero en este caso apenas hay fusión entre los tonos.

▶ **2.** *Con la barra de creta blanca plana se mancha en torno a la manzana; ésta parece separarse del fondo. Con suavidad, se inicia el realce del interior, marcando sólo las zonas de brillo e insistiendo donde éste aparece más luminoso.*

▶ **3.** *Con la creta blanca se mancha de manera más intensa el entorno de la fruta; ésta aparece aislada y el color del papel se integra en el interior de la manzana como un tono más del conjunto. Dentro de la fruta se incrementa el blanco en el punto de máxima luminosidad. En los brillos intermedios la presión con la creta es mínima. Por último, con el carboncillo se realzan algunas sombras muy oscuras.*

ORDEN EN EL DIBUJO

A l igual que en algunos procedimientos pictóricos, cuando se quiere integrar el color del papel como uno más de los utilizados, es necesario realizar reservas de las formas que deban alojar el color del papel. Una reserva no es más que una zona que a conciencia se ha dejado sin trazar; esta zona albergará en su interior el color del papel o estará destinada a albergar un tono que no es necesario fundir o manchar.

◀

1. Éste es un ejercicio muy sencillo, en el cual se practicará la reserva y el realce con creta blanca. Se esboza la forma con carboncillo de la manera más precisa posible, por lo que las correcciones deben realizarse en este primer estadio.

▼ *2. Con la barra de sanguina se traza todo el entorno de la flor hasta cubrir la totalidad del papel excepto el interior de los pétalos, que se deja en reserva. Ahora el papel aporta el color protagonista del dibujo, ya que con la sanguina se ha cerrado por completo todo el entorno del color original.*

▼ *3. Una vez que se ha trabajado la flor con el tono de sanguina, el tono del papel se incorpora entre los demás del dibujo. Con la barra de creta blanca se dibujan los realces necesarios para dar el brillo a los pétalos. Una vez manchados, se difumina con los dedos hasta integrar el tono de la sanguina en el color del fondo del papel. Al fundir el blanco sobre el color crema del papel, se obtienen diversas tonalidades de color rosáceo.*

EL ESTUDIO DE LA LUZ

La combinación de los tres procedimientos básicos de dibujo permite estudiar todos los efectos de luz. El realce pretende ser en muchas ocasiones un recurso que ayuda en esta elaboración. El siguiente ejercicio es bastante sencillo, sin embargo, se podrá observar cómo con unos pocos toques de creta blanca, todo el conjunto adquiere un gran volumen.

▶ **1.** *Se dibuja la media botella y el cuenco cortado por aquella. El fondo se traza con carboncillo recortando las formas de los dos elementos. En el interior del cuenco también se traza con carboncillo. Antes de fundir el carboncillo, se dibuja sobre éste con la barra de sanguina de punta realizando un tramado de líneas inclinadas y rectas en el fondo y horizontales en el cuenco. Una vez dibujado el interior de las zonas manchadas con carbón, se pasa suavemente la mano y se funde la sanguina con el carboncillo.*

En trabajos hechos con sanguina las zonas de luz deben reservarse para resolverlas con creta blanca, más o menos difuminada, según la intensidad de la luz en la zona correspondiente, o con trazos vivos en los puntos de mayor impacto.

▶ **2.** *Con la anterior fusión de tonos se obtiene un color terroso diferente al del papel y al gris del carboncillo. Se vuelve a dibujar con carboncillo en la botella y se pasa el dedo por el lateral para abrir un brillo largo y continuo. Con sanguina se dibujan los trazos sobre el cuenco; ahora parece como si el color gris del carboncillo se integrara de nuevo en el color del papel.*

◀

3. *Lo último que se realiza en este bodegón es la aplicación de los realces de creta blanca; éstos serán muy puntuales, en la botella y en el interior del cuenco, y con la barra plana sobre el tablero. No conviene manchar de creta blanca más de lo*

Bodegón con flores

Los realces que la creta blanca permite realizar sobre el papel de color pueden resultar unos de los efectos del dibujo más sorprendentes. Cuando se dibuja con tonos oscuros sobre papel de color, la variedad de contrastes que se obtiene se ve limitada al más claro de los utilizados, es decir, el papel o la sanguina, suponiendo que se dibuje sobre un papel oscuro. Pero cuando en el dibujo se incorpora el realce de creta blanca, todos los tonos adquieren el blanco como punto de referencia en cuanto a luminosidad; así se puede lograr una variedad tonal considerable sin que el color del papel sea el límite.

MATERIAL NECESARIO

Carboncillo (1), sanguina (2), creta blanca (3), papel de color gris (4) y espray fijador (5).

1. *Las flores se empiezan con carboncillo, dentro de una composición que recuerda un triángulo invertido. Las primeras formas son muy sintéticas y se esbozan con trazos muy simples. Estas características deben darse siempre en los trazos iniciales; por ejemplo, observe cómo la flor de la izquierda ha pasado por una forma completamente elíptica. Cada flor parte de figuras circulares que sitúan su forma dentro del conjunto del ramo; después se dibujan los pétalos con trazos muy elementales.*

2. *Encajadas las flores, con los dedos manchados de carboncillo se emborrona alrededor del ramo. Por efecto del contraste se logra que éste se separe del fondo; ésta será la primera separación de los planos. El interior de los girasoles se traza con carboncillo; dentro de esta zona se pinta con sanguina en las partes más iluminadas.*

3. *Se vuelve a emborronar el fondo con los dedos manchados de carboncillo. No se debe apretar demasiado para evitar que el carboncillo se incruste en el papel. Con el carboncillo de punta se dibujan los pétalos de los dos girasoles superiores, solamente las líneas más definidas. La hoja de la derecha se dibuja con carboncillo y se difumina su interior. Con la sanguina se perfilan los pétalos del girasol inferior y se mancha con fuerza en la flor central. En la de la derecha se traza con sanguina y se difumina con el dedo, integrando el tono de la sanguina en el color original del papel.*

4. *Se aumenta el contraste de toda la parte superior con carboncillo. Se vuelve a difuminar el nuevo oscuro sobre la hoja de la derecha. Con el dedo limpio se abre un claro en la zona más iluminada. Se dibujan el girasol de la derecha y los pétalos de la pequeña flor central. Para contrastar y definir mejor los pétalos de la gran flor que hay en el centro, se dibujan algunos oscuros en torno a ella.*

5. *Como se está utilizando papel de color en vez de papel blanco, la creta resulta una importante fuente luminosa. Se plantean los realces sobre el girasol central; cualquier pequeña aportación permite lograr contrastes muy luminosos. Sólo se dibujan unas líneas en uno de sus pétalos superiores. En la pequeña flor de la izquierda se dibujan definitivamente algunos pétalos.*

Los dibujos que encierren cierta complejidad deben encajarse antes con carboncillo, ya que con él resulta más sencillo corregir los errores y rehacer las formas que con la sanguina.

6. *Se vuelven a dibujar con carboncillo la pequeña flor de la izquierda y los contrastes de los tallos. Con la barra de creta blanca se aumentan los contrastes luminosos sobre el girasol del centro; de este modo los contrastes entre claros y oscuros aumentan notablemente. Con la barra de creta plana entre los dedos se traza un suave blanco en torno al jarrón. Este blanco se funde con los dedos; así el color del jarrón adquiere un mayor efecto de volumen.*

Cuanto más oscuro sea el papel de color, los realces con creta blanca serán también más luminosos.

7. *Los últimos contrastes con creta blanca se dibujan en los pétalos del girasol de la izquierda; estos pequeños toques de luminosidad permiten separar completamente la flor del fondo. Se definen los oscuros en los tallos y se rehace el del jarrón con sanguina y carboncillo en su zona más oscura. Por último, se fija el dibujo con una fina capa de espray fijador. No se trata de cubrir completamente el dibujo de realces, sino solamente aquellas zonas donde el efecto sea necesario para un mayor impacto.*

ESQUEMA-RESUMEN

Sobre el carboncillo muy oscuro se dibuja con la sanguina; el carboncillo resulta más fácil de corregir.

Al lado del jarrón se dibuja y difumina con creta blanca; este degradado permite separar el fondo del jarrón.

Sobre el fondo de carboncillo se abre un blanco con el dedo. Los claros que se pueden abrir con los dedos son muy variados, aunque no conviene presionar en exceso.

Los realces blancos se inician con pequeñas líneas; el color blanco adquiere una gran intensidad en contacto con otros contrastes más oscuros.

6 Dibujo de perspectiva

NOCIONES BÁSICAS

En este tema no se pretende plantear una perspectiva técnica, ni, por supuesto, entrar en los fundamentos del dibujo lineal. Es más, ni tan sólo será necesario utilizar la regla (aunque se puede utilizar una hoja de papel como guía). Para sistematizar las explicaciones, se va a recurrir a una serie de líneas muy elementales que conviene repasar y repetir sobre el papel de dibujo.

> **La perspectiva permite representar los objetos en tres dimensiones. Para resolverla es conveniente conocer unas cuantas normas no demasiado complejas, pero que requieren una gran atención por parte del aficionado. Es posible que al principio estas nociones puedan resultar un poco áridas, pero no hay que desesperar. Si se aprende a dominar la perspectiva, los resultados en el dibujo se verán gratamente compensados.**

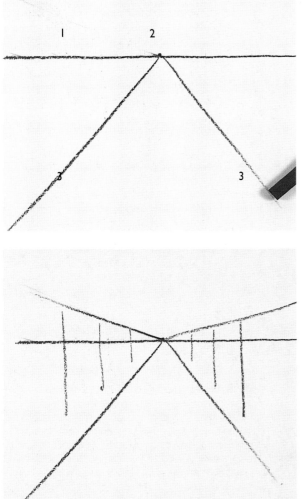

▶ 1. *La línea horizontal (1) sitúa la línea del horizonte. En ella se marca un punto, el punto de fuga (2). Todas las líneas paralelas entre sí que se tracen desde el espectador hacia el horizonte (3) coinciden en este punto.*

▶ **2.** *Se debe distinguir entre las líneas que se pueden trazar por debajo del punto de vista del observador, que en este caso coincide con la línea del horizonte, y las que se trazan por encima del mismo. Si el punto de vista coincide con la línea del horizonte, se considera que la observación se realiza desde una altura normal en la calle. Si se sitúan verticales entre las líneas de fuga, éstas serán más pequeñas en la distancia y a la vez estarán más juntas.*

▼ *Realice este sencillo paisaje a partir de la práctica de la perspectiva; verá cómo resulta bastante sencillo.*

▶ **1.** *Este ejercicio consta de dos partes claramente diferenciadas. La primera es similar al ejercicio anterior y es la elaboración esquemática de las líneas que construyen el paisaje. Primero se traza la línea del horizonte (1); como se puede apreciar en este ejercicio, ésta se dibuja mucho más baja que en el ejercicio anterior. El punto de vista presentará una perspectiva más acentuada. Se sitúa el punto de fuga (2), que aquí se encuentra desplazado hacia la derecha del cuadro.*

VARIACIÓN DEL PUNTO DE FUGA

El punto de fuga indica el lugar hacia donde convergen las líneas de perspectiva. En el ejercicio anterior se ha planteado un sencillo paisaje en el que la perspectiva estaba completamente centralizada; pero en pocas ocasiones se utilizará una perspectiva completamente simétrica. Lo más habitual es desplazar el punto de fuga para que el cuadro gane en interés y el conjunto tenga más dinamismo.

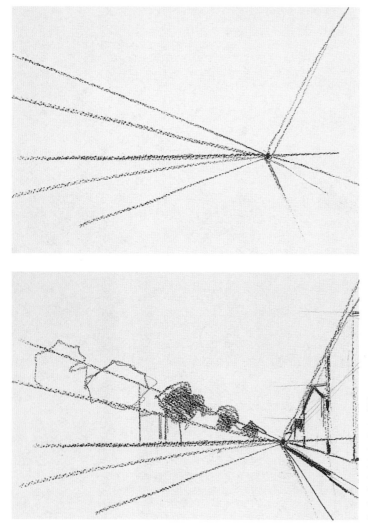

▶ **2.** *Se trazan varias líneas de perspectiva que se deben dirigir, por supuesto, al punto de fuga. Las líneas que se trazan abarcan desde debajo de la línea del horizonte hasta por encima de la misma. Como se puede apreciar, la apertura que plantean las líneas de perspectiva varía porque el punto de fuga desplazado obliga a abrir el ángulo de la derecha y cierra el de la izquierda. Con este esquema se varía toda la construcción de la perspectiva anterior.*

▶ **3.** *Se establecen dos líneas por debajo del horizonte para marcar la línea de base de cuantos objetos se sitúen. Todas las formas que figuren sobre estas líneas serán correlativas y estarán ordenadas según la perspectiva. Como punto de referencia de las diferentes alturas se toma la línea más elevada que hay por encima de la línea del horizonte. Al situar objetos entre estas dos líneas, se verán en perspectiva. La altura de las casas se acota con líneas paralelas a la del horizonte.*

4. *Se reafirman las líneas del suelo donde se sustentan los objetos. Observe en la derecha del dibujo cómo las dos líneas enmarcan perfectamente la acera y la base de las casas. La línea que sirvió para establecer el horizonte sirve también para delimitar el zócalo de la hilera de casas. Con la barra de carboncillo plana, se oscurece toda la parte correspondiente al cielo y se recorta de este modo la parte superior de las casas. Un detalle importante: observe cómo se han dibujado las aguas del tejado de la casa; el punto de corte de los dos planos tiene que coincidir con la línea de perspectiva.*

LA PERSPECTIVA COMO ESQUEMA

Una vez planteado el esquema de la perspectiva, éste será la base del dibujo. Es necesario que el esquema del dibujo se haya solucionado de la manera más precisa posible, si se quiere que los objetos situados en el cuadro respeten una perspectiva real. La propuesta anterior se va a desarrollar ahora según un punto de vista artístico, que es en definitiva lo que se pretende conseguir en este tema.

5. *Para situar los árboles, sus copas se dibujan dentro del espacio delimitado por las dos líneas de perspectiva; los troncos se trazan hasta una nueva línea de perspectiva, ligeramente más baja que la del horizonte. Con otra línea algo más inclinada se delimita la acera de este lado de la calle.*

6. *Los oscuros con la barra plana permiten diferenciar los planos de cada zona del paisaje. Las zonas que se dejan más luminosas son las que hacen referencia a los laterales de la calle. En la calzada se dibuja de nuevo con la barra plana y se refuerzan algunas líneas de la perspectiva con el carboncillo de punta.*

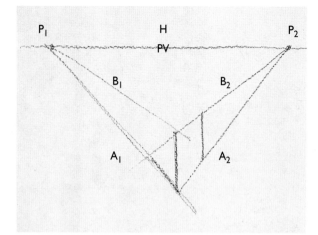

asta ahora se ha estudiado la perspectiva con un solo punto de fuga; éste es el sistema más sencillo de plantear la perspectiva. Sin embargo, existen otras técnicas de perspectiva más complejas de realizar, aunque si se aprenden, es posible lograr dibujos de un gran realismo. Claro que estos esquemas sólo deben ser la estructura donde encajar los diferentes objetos. Este ejercicio plantea el estudio de la perspectiva con dos puntos de fuga. Preste atención a la explicación y al dibujo.

▼ 1. *Se traza la línea del horizonte (H), sobre la cual en este caso, se hace coincidir también el punto de vista (PV). Esta vez se sitúan dos puntos de fuga (P_1 y P_2); no se tienen que poner muy juntos ni muy separados para no distorsionar demasiado la perspectiva. Se trazan las dos líneas que marcan la base del cubo (A_1 y A_2); su punto de cruce marca el inicio de la altura. Al trazar las otras dos líneas (B_1 y B_2), se acaba de cerrar la base del cuadrado y el límite de los planos verticales. En el lado derecho, desde los puntos de corte se trazan las alturas que limitan el lateral del cubo; estas alturas son completamente verticales.*

> Los objetos, cuando se alejan del espectador, a medida que se acercan al horizonte, se ven más pequeños. Este efecto no siempre es fácil de realizar, aunque, con ayuda de la perspectiva, es sencillo situar los objetos en la distancia.

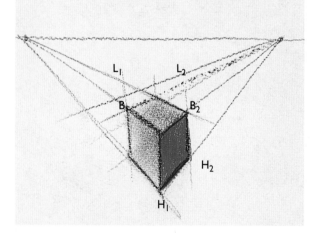

▼ 2. *Las alturas (H_1 y H_2) cortan las líneas de perspectiva (B_1 y B_2). Desde estos puntos de corte se trazan dos nuevas líneas (L_1 y L_2) que se vuelven a unir en los puntos de fuga; las líneas que se acaban de trazar forman el plano superior del cubo. De la misma manera que se ha dibujado este cubo, se puede dibujar cualquier otro objeto. Recuerde que todas las formas se pueden esquematizar dentro de figuras simples.*

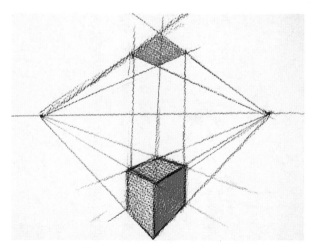

▼ 3. *En el ejercicio que se acaba de realizar, el cubo estaba situado en el plano del suelo. Éste se puede situar en cualquiera de los planos del espacio solamente hay que variar la dirección de las líneas de perspectiva. En este caso se han escogido líneas por encima del punto de vista del espectador; esto permite observar la parte inferior del cubo. Si se proyectan sus verticales y se hacen coincidir con nuevas líneas de perspectiva, se obtiene la proyección vertical de su sombra.*

Carretera con un árbol

La perspectiva facilita mucho la construcción de todo tipo de dibujos, tanto bodegones como paisaje. Pero es en este último tema donde la aplicación de las nociones básicas de perspectiva puede beneficiar más el trabajo del dibujante. No es necesario tener conocimiento de dibujo técnico, sino tan sólo saber que las líneas paralelas tienden a coincidir en un punto situado en el horizonte. Una vez planteado el esquema, el resto se elabora de la misma manera que cualquier otro dibujo. Para esta propuesta se ha escogido este bello paisaje. Preste atención a la perspectiva de la carretera.

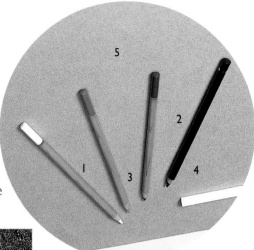

MATERIAL NECESARIO

Lápices de creta (1), carboncillo (2) y sanguina (3), creta blanca (4) y papel de color gris oscuro (5).

1. *Se traza la línea del horizonte más o menos a la altura donde concluye la visión de la carretera. Esta línea coincide con el punto de vista del espectador, es decir, el espectador no ve nada de lo que haya por debajo del final del horizonte. Existen dos perspectivas: por un lado, el punto donde limita la valla y la carretera; por otro, donde la carretera parece coincidir con la línea de los árboles, más allá de la línea del horizonte. Esta línea se corta con el plano que se desarrolla en la derecha del paisaje y que coincide con el punto de perspectiva descentrado.*

2. *Una vez esquematizado todo el paisaje en torno a la perspectiva principal, se puede comenzar a dibujar. El cielo se traza con creta blanca y se difumina ligeramente con la mano. El lápiz de creta permite un trazado muy suave; de este modo se separa perfectamente la línea de los árboles del cielo. Con el lápiz de sanguina se comienza a trazar en la copa del árbol principal. En el lado izquierdo la vegetación es mucho más tupida; el trazo de sanguina cierra completamente el poro del papel. Al fondo, se dibuja con sepia. Con el lápiz de carbón se inician los oscuros del fondo de la carretera.*

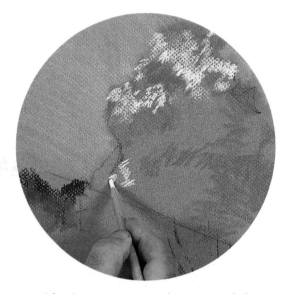

3. *Al fondo se incrementan los oscuros de la vegetación. Este árbol se encuentra fuertemente iluminado. Además, sus hojas son mucho más luminosas que el resto de la hojarasca del paisaje. La interpretación de la textura del árbol se realiza con el lápiz de creta blanca con un dibujo minucioso. Como se puede apreciar, la creta blanca se puede utilizar para un fuerte contraste con respecto al blanco trazado en el cielo.*

4. *Una vez dibujados los blancos más luminosos del árbol, se trabaja con sepia y carboncillo y se funden ambos tonos restregando con la yema de los dedos. La vegetación de la derecha se esboza con carboncillo, con un denso trazado muy tupido, sin llegar a cerrar completamente el poro del papel. Con el mismo tipo de trazo con el que se han dibujado los blancos del árbol central, pero esta vez con sanguina, se dibujan las partes iluminadas de esta zona de vegetación. Con sepia se comienzan a dibujar los oscuros de la izquierda del paisaje.*

5. Se manchan las zonas más oscuras de la vegetación y sobre éstas se dibuja con sanguina. El trazo de la sanguina se varía según la zona que se esté dibujando: los planos más distantes se funden con el carboncillo, mientras que las zonas algo más cercanas, como la vegetación situada sobre la carretera, se dibujan con fuertes y pequeños trazos. Se oscurece el suelo en el primer término con carboncillo y se suaviza con la mano para integrar dicho tono sobre el color del papel. La separación entre los carriles de la carretera se dibuja bien contrastada, así como las fuertes sombras que se proyectan sobre el suelo.

Para lograr que el dibujo mantenga un equilibrio en las líneas que marcan su perspectiva, es preciso que el esquema inicial esté bien planteado con todos sus elementos y que se respete escrupulosamente a lo largo de todo el desarrollo del trabajo.

6. Ahora se incrementan los oscuros más densos del paisaje. Con el color negro se realiza un oscurecimiento general de las sombras más profundas y se funde en sus contornos con la sanguina. Las partes más iluminadas no se tienen que manchar con carbón. Sobre el árbol central se vuelve a intervenir con creta blanca; ahora los brillos resultan más luminosos y algunas zonas encuentran como base el tono oscuro realizado anteriormente.

Un buen estudio de las zonas más iluminadas y las más sombreadas nos dará siempre la pauta a seguir para situar adecuadamente los claros y los oscuros y establecer los puntos de máxima luz.

7. *Con carboncillo se dibuja la valla, dejando que sea el mismo color del papel el que representa el tono metálico de ésta. Se concluyen las sombras proyectadas sobre la calzada con un dibujo denso muy directo. Sobre el árbol luminoso, se realizan algunos contrastes oscuros entre la hojarasca. Con sanguina se acaban de completar las zonas que quedaban un tanto desnudas. Después de dar algún pequeño toque con blanco en los márgenes de la calzada, ya se puede dar por concluido este ejercicio de paisaje con perspectiva.*

La profundidad de un cuadro y la colocación de los diferentes términos siempre vienen dados por las leyes de la perspectiva. Ellas también constituyen la base para fijar la gama cromática que regulará la sucesión de planos.

ESQUEMA-RESUMEN

La gran luminosidad del árbol se plantea con un minucioso trabajo con creta blanca sobre zonas difuminadas de color gris.

Los contrastes se aplican en función del plano que ocupan; cuanto más distante, el fundido entre los tonos es mayor.

La línea de horizonte se hace coincidir con el punto de vista del espectador.

El punto de fuga es aquel punto hacia el cual convergen las líneas de perspectiva; en este caso al final de la carretera.

La goma de borrar

EL TRABAJO CON GOMA

La goma de borrar es un instrumento muy versátil que permite un tipo de trabajo muy constructivo por varias razones: permite adquirir una visión crítica sobre la evolución del trabajo y además, se aprende a considerar las zonas oscuras como parte del trabajo, facilitando la ubicación de las zonas de luz y sombra. Las correcciones se realizan muy fácilmente; basta con pasar la goma sobre la zona recién manchada.

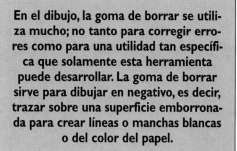

En el dibujo, la goma de borrar se utiliza mucho; no tanto para corregir errores como para una utilidad tan específica que solamente esta herramienta puede desarrollar. La goma de borrar sirve para dibujar en negativo, es decir, trazar sobre una superficie emborronada para crear líneas o manchas blancas o del color del papel.

▶ **1.** Con la barra de carboncillo plana se cubre toda la superficie del papel; esta fase tiene su importancia a pesar ser muy fácil. Interesa que todo el fondo quede completamente cubierto por el carboncillo. Se debe presionar de manera uniforme pero sin llegar a marcar la superficie del papel; recuerde que a veces el carboncillo muestra vetas que no dibujan sino que rayan.

▶ **2.** Se realiza un esquema a partir de formas geométricas muy simples. Dentro de éste se dibujan las formas básicas de este sencillo bodegón. El trabajo inicial se realiza con el carboncillo plano y longitudinal. Para asegurar el trazo se dibuja con el carboncillo de punta.

▼

Con la goma de borrar se comienzan a abrir blancos recortando las formas y después aclarando la parte derecha de cada una de éstas. Este trazado con la goma de borrar se puede apoyar también con algún toque con los dedos para restar la excesiva brillantez del blanco del papel.

▶ **1.** *Se esquematiza el paisaje a partir de la línea del horizonte; de esta manera se obtienen tres planos claramente diferenciados: uno para el cielo, que se cubre por completo con carboncillo sin demasiada presión; otro para las montañas del fondo, donde se dibuja fuertemente para separarlo del cielo; y otro para el término más luminoso, que corresponde al terreno.*

LA PRESIÓN SOBRE EL PAPEL

De la misma manera que con el carboncillo, con el grafito o la sanguina se pueden lograr diferentes tonalidades según la presión que se ejerza sobre el papel, la goma de borrar permite un trabajo similar aunque a la inversa; cuanto más se insiste en su presión, más blanco será el trazo que se logre sobre el papel. En este ejercicio se propone un trabajo en el que se practicará con los diferentes tonos de blanco abiertos con la goma de borrar. Un sencillo ejercicio sin mayor dificultad, pues las formas del paisaje así como las de las nubes pueden cambiarse fácilmente.

▶ **2.** *Con la goma de borrar y ejerciendo muy poca presión, se esbozan las formas de las nubes. Cuando se aprieta tan poco, no se abren blancos muy puros, sino que se arrastra el carboncillo y se logran grises muy tenues, ideales para esbozar los primeros tonos menos luminosos. Sobre estos grises poco acentuados se vuelve a insistir con la goma, esta vez con mayor presión; de este modo se abren blancos puros. En la apertura de blancos tiene una gran importancia la calidad del papel. Conviene no utilizar un papel ni demasiado granulado ni tampoco satinado; en el primero el carboncillo se incrusta en el poro; en el segundo no llega a adherirse de manera correcta.*

▶ **3.** *Si se emborrona ligeramente el terreno (se puede realizar con los dedos), se conseguirá abrir blancos que contrasten mucho menos que los abiertos sobre el fondo oscuro del cielo. En este caso los blancos se realizan como trazos que se incorporan al dibujo integrándose en la textura del terreno. Como se puede observar en esta ilustración, estos trazos blancos insinúan la perspectiva del terreno, pues son líneas que se dirigen hacia un punto de fuga en el horizonte.*

I. Tras situar una línea de horizonte en un nivel más elevado que en el ejercicio anterior, se comienza a trazar con el lápiz. Las líneas son mucho más finas que las que se logran con el carboncillo, por lo que, para cubrir una gran superficie de papel, se hace necesario un intenso rayado. Aunque se realiza una gran variedad de trazos, es importante la dirección de éstos; en este caso la mayoría de las rayas se dirigen en perspectiva hacia el fondo. La presión del lápiz no es muy elevada, para no marcar la superficie del papel y para que, al borrar, se haga mucho más fácilmente.

EFECTOS SENCILLOS CON LA GOMA

Los efectos que se pueden lograr mediante el uso de la goma de borrar son muchos y no especialmente complejos. De hecho la complejidad nunca reside en el trazo sino en lo que se puede llegar a representar con éste. En el ejercicio de esta página se propone un sencillo paisaje en el que el trazo del lápiz y la apertura de claros se van a combinar como zonas de alto brillo.

2. *Se intensifica el contraste en las montañas del fondo; así se obtienen planos separados. Como se ha visto en este ejercicio y en el anterior, éste es un buen recurso para realizar paisajes. Con el canto de la goma de borrar se comienzan a abrir trazos irregulares en el centro del terreno; estos blancos, a pesar de ser serpenteantes, siguen las líneas de perspectiva hacia el punto de fuga imaginario. La intensidad de los blancos se puede realzar con una mayor presión del trazo con la goma de borrar.*

3. *En torno a los trazos abiertos se intensifica la línea y se define ésta con respecto a los grises que la rodean; de este modo los blancos resultan mucho más definitivos. En el primer término, se contrasta la textura del terreno con trazos de diferentes intensidades. Se trazan unos oscuros con líneas verticales, con lo cual el camino fangoso queda perfectamente definido. Por último, para potenciar el efecto de profundidad se dibujan los postes.*

Tema 7: La goma de borrar

▼ 1. *Para realizar este ejercicio, primero se tiene que dibujar este jarrón. Si se observa con atención, la parte inferior es prácticamente una esfera y la superior una forma rectangular. En sus puntos de unión la forma se ha suavizado y redondeado. Al trazar el gris de su interior, el dibujo de la forma se ha perdido ya que el trazo ha sobrepasado los límites que enmarcan la forma. Con la goma de borrar se devuelve la forma al perfil del dibujo.*

UTILIDADES DE LA GOMA

Entre las utilidades que permite la goma de borrar, una de las más recurridas es el perfilado de las formas. Con el dibujo estructurado por completo, con la goma se puede acabar de limpiar el contorno de manera que el blanco del papel recorte perfectamente el objeto; además de esta evidente utilidad, con la goma de borrar se pueden abrir brillos muy puntuales que no se logran de ninguna otra manera.

> La goma maleable es útil únicamente en medios de dibujo poco estables como la creta, la sanguina o el carboncillo; en cambio, la goma plástica se puede utilizar con todos los medios de dibujo.

▼ 2. *Una vez perfilada la forma del jarrón, se realizan los brillos del mismo; nada más sencillo que utilizar una arista de la goma de borrar. Basta con pasar el canto de la goma de borrar sobre el papel manchado para que se pueda abrir un intenso brillo. Claro que dicho brillo debe seguir el plano del dibujo; en el cuello del jarrón se ha abierto un trazo curvo muy puntual; ahora estos dos brillos se realizan mucho más gruesos con el canto de la goma.*

▼ 3. *Los brillos abiertos adquieren una gran precisión, mucho más que si se dejaran reservados, ya que el trazo se tendría que contener antes de rebasar la zona y el dibujo perdería espontaneidad y frescura. Este punto será fundamental a partir de ahora para lograr brillos en todo tipo de temas.*

paso a paso
Bodegón de frutas

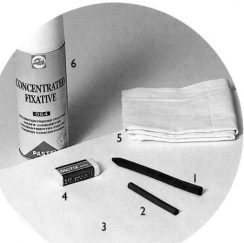

Se propone un interesante ejercicio sobre bodegón; no resultará demasiado complejo si se presta la debida atención a los diferentes pasos. La forma de uno de los elementos requiere un especial cuidado: en el desarrollo del plato, ya que los objetos simétricos siempre son más difíciles de representar que otros aparentemente más complejos. En este ejercicio el protagonismo lo adquiere la goma de borrar, como se podrá comprobar, los recursos que se logran con dicha herramienta pueden ser tantos que ella se convierte en un complemento perfecto para el dibujo con cualquiera de los medios practicados hasta ahora.

MATERIAL NECESARIO

Carboncillo (1), carbón prensado (2), papel de dibujo (3), goma de borrar (4), trapo (5) y espray fijador (6).

1. El inicio del dibujo se realiza mediante el encaje de las formas del bodegón. Es importante prestar un interés especial a esta fase del dibujo, ya que todos los pasos posteriores se van a basar en los resultados que se obtengan en esta fase. Primero, se esboza la forma del plato; el carboncillo se coge de punta para lograr un movimiento más suelto. La forma elíptica no es fácil de representar para que quede bien equilibrada; así que se debe pasar el carboncillo hasta conseguir una forma bastante aproximada. Dentro del plato es fácil esbozar el resto de las frutas ya que el dibujo de estas formas no requiere tanta precisión.

PASO A PASO: Bodegón de frutas

2. Con un carboncillo grueso se empieza a llenar todo el papel de dibujo, incluyendo el esquema previo realizado con carboncillo. Al pasar sobre la zona dibujada, el carboncillo no la hace desaparecer por completo, sino que perdura bajo el trazo que llena el papel. Aunque se dibuje con el carboncillo de punta, éste traza de manera bastante plana ya que al inicio de esta fase se ha inclinado hasta desgastar la punta en forma de bisel.

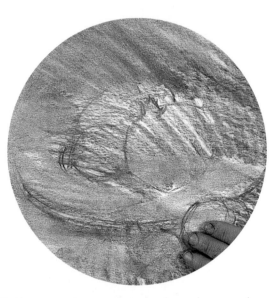

3. Una vez emborronado todo el papel, se pasa la mano sobre el mismo y se funde todo el carboncillo para eliminar la presencia del trazo. Ello no se debe hacer con demasiada presión para evitar que el carboncillo se apelmace y no se elimine de la superficie del papel. Al emborronar toda la superficie del papel, el dibujo inicial también pierde presencia; no se llega a eliminar por completo. Basta con que quede una mínima presencia del trazo para que se pueda seguir posteriormente con la goma y rehacer de esta forma el dibujo a partir de los blancos abiertos.

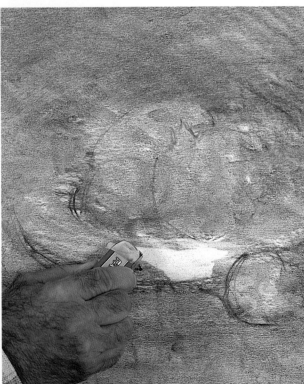

4. El dibujo no se ha borrado por completo; todavía queda un rastro que permite dibujar con la goma de borrar. Se comienza por la forma del plato que es la más compleja de cuantas hay en este bodegón. Al borrar se deben respetar las formas de las frutas y del perfil del plato. La goma se ensucia con facilidad, por lo que constantemente se tiene que limpiar; esto se hace frotándola sobre un papel limpio. Si se está utilizando una goma maleable, se tiene que modelar hasta embutir la suciedad en su interior.

5. Con un exhaustivo borrado se logra abrir un extenso blanco que abarca toda la superficie del plato. Tras soplar sobre el dibujo para eliminar cualquier resto de goma, se procede a abrir los brillos de las frutas. Estos brillos son muy puntuales y ocupan zonas muy concretas. En la pera del fondo el brillo ocupa toda la zona superior y se realiza con un trazo largo y continuo. En la granada los trazos con la goma son más radiales y se trazan en dirección al pico de esta fruta. En la ciruela basta un pequeño brillo muy puntual realizado con un rápido arrastre de la goma.

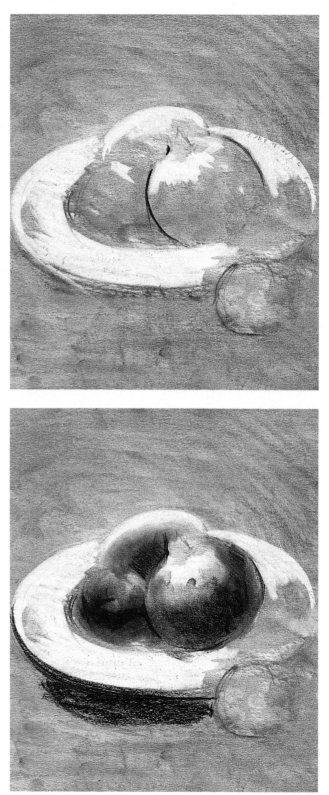

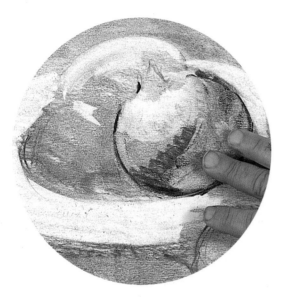

6. Tras realizar las principales aperturas de brillos se vuelve a dibujar con carboncillo en las zonas donde deben ser más oscuras las sombras. Una vez se ha actuado con el carboncillo, estas zonas oscuras se funden sobre el fondo con los dedos.

7. Se incrementa notablemente el oscuro de las frutas con el carboncillo de punta, y se funde con la yema de los dedos; esto se repite tantas veces como sea necesario hasta lograr oscuros densos. Una vez se han asegurado las sombras, se utiliza directamente el carbón prensado; permite unos negros mucho más intensos que el carboncillo. Con un cabo de carbón prensado se traza el oscuro de la sombra del plato sobre el mantel, con la barra plana y sin demasiada presión.

8. *Con el dedo se desdibujan los contornos de la sombra sobre el mantel. Con la barra de carbón prensado de punta se acaba de dibujar todo el oscuro de la ciruela del primer término. Sólo queda trazar alguna línea que asegure la forma de las frutas y, por último, limpiar con la goma de borrar los brillos que pueden haber quedado atenuados por la suciedad del carbón. Sólo resta ya fijar el dibujo con el espray fijador a unos 30 cm.*

ESQUEMA-RESUMEN

El dibujo se plantea con carboncillo; sobre éste se mancha toda la superficie del papel con la barra de carboncillo.

Sobre el dibujo manchado se pueden observar todavía las líneas del fondo; esto permite **borrar con precisión con la goma** todas las zonas que deben ser blancas; se empieza por el plato.

Los brillos de las frutas se realizan según la luminosidad de cada una de ellas. La pera del fondo recibe un borrado lineal, siguiendo la curva de su superficie.

Los brillos abiertos sobre la granada son radiales, con trazos finos realizados con el canto de la goma.

8

Luz y sombra

PARTE DE LUZ Y PARTE DE SOMBRA

Cuando un rayo de luz llega a un objeto, sobre éste se produce un reparto de las zonas iluminadas y las de sombra; experimentar con este efecto es la primera cuestión a la que debe acceder el dibujante. Basta con colocar un objeto u objetos ante un foco de luz y apreciar que no todo el plano adquiere la misma tonalidad.

En el dibujo, algunas de las cuestiones más importantes son aquellas que hacen referencia a la iluminación. Se puede dibujar exclusivamente con líneas, prescindiendo del estudio de las sombras, pero es en este tipo de elaboración cuando el objeto representado se puede acercar más al modelo original. Cuanta más información se recoja del modelo, mayor será el realismo en su representación. El estudio de la luz y de la sombra permite acercarse más todavía a los elementos que otorgan realismo al dibujo.

▶ El estudio de la luz se entiende sobre el dibujo a partir de las zonas más oscuras y más iluminadas; tal y como se ha visto en las imágenes anteriores, cada una de las zonas de luz o de sombra responde a un efecto físico real.

La longitud de las sombras depende de la situación del principal foco de luz que alumbra al modelo. Aquí se observa la dirección que debe tener el foco principal así como su distancia hasta los elementos de la composición. Cuando llega el haz de luz al objeto, según sea el plano del éste, la luz incidirá directamente en un punto que será el más brillante. A medida que la luz recorra el objeto y el plano varíe, como en este ejemplo un plano curvo, la luz se degradará adaptándose el plano. Cuando el plano es recto y no frontal al foco, sobre su superficie se produce un efecto de iluminación diferente. Observe el plano que forma la base; la luz se reparte homogénea, pero en su recorrido encuentra dos objetos del bodegón; esto hace que su sombra se proyecte siguiendo la dirección de los rayos.

TRAZAR LOS OSCUROS

Lo primero que se debe tener en cuenta cuando se trabaja en temas en los que la iluminación tiene un papel fundamental, es que la luz no envuelve por igual todo el objeto que ilumina. Hay una parte que se expone al haz de luz y es donde se produce la zona iluminada; en cambio, la otra parte del objeto se entiende como sombra. Aunque más adelante se estudiará cómo las sombras se degradan suavemente hasta fundirse con el plano de luz, es importante practicar la síntesis de los dos planos; es decir, dejar de lado los tonos medios y practicar únicamente con los oscuros como si de un único tono se tratara.

> Al plantearse el dibujo de cualquier objeto voluminoso, es preciso cotemplarlo como un conjunto de manchas más o menos intensas, según sea la incidencia de la luz sobre las distintas zonas.

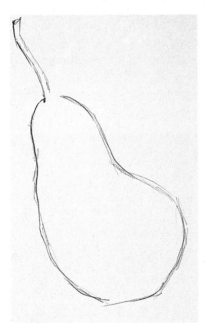 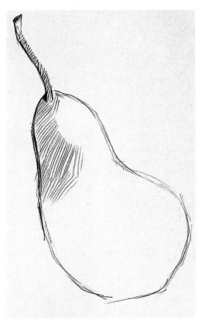 

▼ **I.** *El dibujo se puede entender como un simple trazo, sin ningún tipo de sombra, o bien partir de este punto para elaborar una faceta más elaborada del modelo sobre el papel. Para realizar esta propuesta se va a utilizar un sencillo lápiz de grafito, lo suficientemente blando como para permitir un buen oscuro en el trazo (un 4B). Antes de empezar a situar las luces, el esbozo del modelo tiene que estar completo, pues las sombras se tienen que aplicar sobre un esquema perfectamente construido.*

▼ **2.** *Las sombras se comienzan a distribuir de manera uniforme, recortando con su presencia las zonas correspondientes a los planos de luz. En este ejercicio las sombras se practican con un trazado radial a partir del principal punto de luz; ésta es una de las maneras de estudiar también el plano curvo del modelo. Como se puede ver, el perfil que presenta la sombra no es recto sino que describe una curva. Los trazos son rápidos y se realizan al mismo tiempo que con su presencia se plantea la parte iluminada.*

▼ **3.** *A medida que se esboza la sombra de la fruta, las líneas que la dibujan se adaptan al plano de cada zona. En la parte inferior de la fruta, el brillo se sitúa proporcionalmente en la misma zona que en la parte superior. En torno a dicha zona de brillo se traza la sombra también de manera radial. En la parte más oscura se intensifican los trazos que se cruzan con los anteriores. Como se puede ver en este ejemplo, la separación entre luz y sombra es muy evidente y se adapta perfectamente a la forma del objeto.*

1. *Si el ejercicio anterior se planteó con lápiz, aquí se vuelve a dibujar con carboncillo. El carboncillo es muy fácil de utilizar y permite un trazado muy rápido con la posibilidad de una corrección inmediata. En el esbozo inicial se plantea la forma de las manzanas con un dibujo rápido; en este boceto se esquematiza la forma de las sombras con un trazo con la barra de carboncillo plana entre los dedos y sin ejercer una presión excesiva ya que al mismo tiempo servirá de separación y para establecer el tono medio.*

SOMBRAS DENSAS Y MEDIA SOMBRA

Como un segundo ejercicio en la separación de las sombras se propone aquí uno nuevo en el cual se establecen nuevas tonalidades que sirven de tonos medios entre las luces y las sombras. Las tonalidades medias permiten establecer un tránsito suave entre luces y sombras. En esta nueva propuesta se va a practicar la situación de los tonos medios; por ello se debe partir del planteamiento del ejercicio anterior. Éste no es un dibujo complejo, sin embargo se debe practicar con cuidado siguiendo los pasos que se indican a continuación.

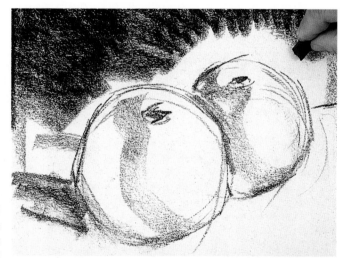

2. *Este paso permite ver cómo se pueden establecer las principales diferencias tonales. Para plantear los tonos más luminosos a partir del propio color del papel, basta con dibujar un oscuro intenso en el fondo. Por comparación entre los diferentes contrastes que se establecen en el papel, se puede apreciar el tono de máxima oscuridad, el más luminoso, que pertenece al propio color del papel, y el intermedio, que es el que corresponde al trazo suave de carboncillo.*

3. *Una vez que se ha oscurecido todo el fondo, se puede dibujar el resto de los oscuros de las manzanas. Este tono se dibuja con la barra de carboncillo plana. El trazo tiene que ser algo más oscuro que el inferior pero no tanto como el oscuro intenso del fondo. De este modo se pueden comenzar a aplicar los oscuros en las sombras del dibujo.*

▶ 1. *El encaje permite una buena aproximación de las formas del modelo para poder situar correctamente las zonas de luz y de sombra. En este caso se ha realizado el dibujo de unas flores muy sencillas. Tienen forma ovalada, a partir de la cual se han esquematizado los pétalos. Las líneas se trazan con el carboncillo de manera muy elemental. El dibujo completamente cerrado por las líneas que lo forman permite diferenciar claramente los elementos principales del fondo.*

CLAROSCURO Y CONTRASTES

Hasta ahora se han practicado los contrastes que se pueden establecer entre las zonas de luz y las de sombra. Los oscuros principales recortan las zonas de mayor luminosidad; son ellos los que permiten estudiar los tonos y establecer cuáles son los más densos que se pueden lograr. En otros temas ya se ha usado la goma de borrar para dibujar y abrir blancos sobre el negro. Esta vez la goma de borrar adquirirá un papel fundamental en el logro de las zonas más luminosas.

▼ 2. *Para aislar las formas principales del fondo, se mancha todo éste con carbón prensado. Una vez se ha cubierto todo el fondo, se introducen los grises oscuros de las flores emborronando con los dedos en su interior; aunque resulte sucio, es necesario para poder actuar posteriormente con la goma de borrar.*

▼ 3. *La utilización de la goma se hace a modo de lápiz; abriendo trazos que, juntos, se transforman en manchas blancas muy luminosas y contrastadas. La goma de borrar se usa para abrir los blancos más brillantes sobre el gris de las flores. Estos blancos se abren únicamente sobre las partes luminosas.*

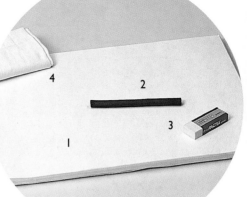

paso a paso
Libros, manzana y jarrón

Con este ejercicio se van a poner en práctica las nociones aprendidas a lo largo de la lección, es decir, la separación entre las zonas de luz y sombra, además del empleo correcto de los contrastes entre dichas tonalidades. Este ejercicio es bastante sencillo de realizar, su principal dificultad no reside tanto en el reparto de los tonos, sino en un buen esquema de los elementos de este bodegón. De todos estos elementos, los que requieren una especial atención son los libros, sobre todo en su dibujo inicial. Se ha decidido una fuerte iluminación para potenciar las sombras; de este modo será mucho más fácil diferenciar los planos de luz de los de sombra.

MATERIAL NECESARIO
Papel de dibujo (1), carboncillo (2), goma de borrar (3) y trapo (4).

1. *El encaje inicial debe ser la fase más mimada y elaborada del dproceso. De ella dependerá toda la estructura del dibujo, que se encuentre equilibrado, que las proporciones sean correctas o que no existan fallos entre las líneas que requieran una mayor precisión, como en este caso las que recortan y construyen los libros. Antes de seguir adelante, se deben realizar todas las correcciones necesarias; para ello se utilizará el trapo y la goma de borrar. Una vez planteado el esquema de los libros, se marca la dirección de la sombra; todas las sombras que se tracen tendrán en cuenta dicha dirección, aunque el plano de los objetos varíe.*

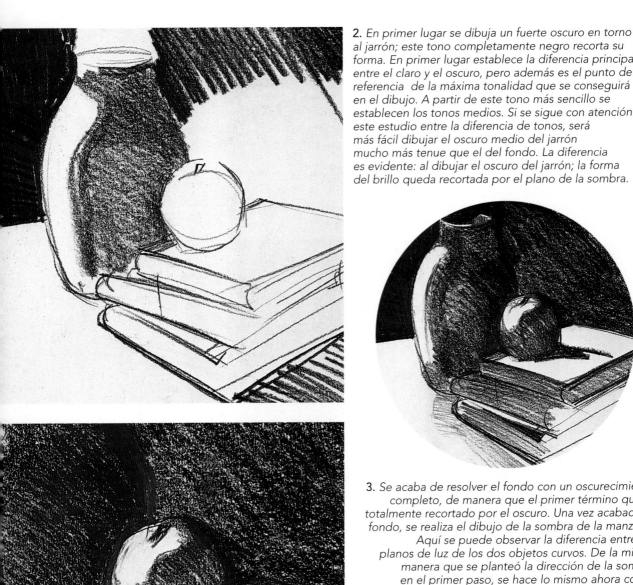

2. *En primer lugar se dibuja un fuerte oscuro en torno al jarrón; este tono completamente negro recorta su forma. En primer lugar establece la diferencia principal entre el claro y el oscuro, pero además es el punto de referencia de la máxima tonalidad que se conseguirá en el dibujo. A partir de este tono más sencillo se establecen los tonos medios. Si se sigue con atención este estudio entre la diferencia de tonos, será más fácil dibujar el oscuro medio del jarrón mucho más tenue que el del fondo. La diferencia es evidente: al dibujar el oscuro del jarrón; la forma del brillo queda recortada por el plano de la sombra.*

3. *Se acaba de resolver el fondo con un oscurecimiento completo, de manera que el primer término queda totalmente recortado por el oscuro. Una vez acabado el fondo, se realiza el dibujo de la sombra de la manzana. Aquí se puede observar la diferencia entre los planos de luz de los dos objetos curvos. De la misma manera que se planteó la dirección de la sombra en el primer paso, se hace lo mismo ahora con la sombra proyectada de la manzana. Se dibuja el canto de los libros con líneas rectas, largas y juntas.*

4. *Aquí se puede apreciar el oscurecimiento de los planos de cada una de las zonas del bodegón. Los contrastes se crean al entrar en contacto dos zonas de diferente iluminación; así es posible que los planos se diferencien según su posición con respecto al foco de luz. Los contrastes se incrementan en las zonas menos iluminadas. Este oscurecimiento se consigue con la simple repetición del trazo insistiendo en la misma zona.*

5. *Sobre el bodegón completamente planteado (pues se han marcado los planos principales de cada una de las zonas de luz), se dibujan nuevos oscuros, esta vez mucho más contrastados y superpuestos a los anteriores. La goma de borrar permite limpiar las zonas sucias o abrir brillos donde se necesite. En este ejercicio los brillos no se han de abrir, pero sí es posible tener que corregir alguna de sus zonas o limpiar restos de carboncillo. Cada zona se soluciona con trazos adecuados a su plano. El canto de los libros se ha oscurecido; cada plano sigue su trazado inicial. El oscuro sobre la mesa se insinúa con un trazado de líneas verticales.*

6. *En este detalle se puede apreciar la evolución del oscurecimiento de la zona sombreada de los libros; éste es gradual y se hace más denso hacia la parte inferior de dicha zona, aunque en ningún momento el oscuro alcanza la densidad del fondo. Debe prestarse atención a la diferencia entre los planos de cada canto de los libros.*

Cuanta menos luz llega a las zonas del bodegón, éstas se vuelven más oscuras; de este modo se aumentan los contrastes allí donde la iluminación acceda en menor grado.

7. *Sobre los diversos oscuros del bodegón se intensifican los contrastes que acaban de definir las sombras. La gran sombra oscura que se proyecta sobre la mesa se hace mucho más oscura para compensar el denso negro del fondo. Se rehace el grueso de las tapas con una línea más oscura. Con la goma de borrar se acaban de limpiar las zonas que hayan quedado sucias.*

Para aprender más fácilmente a trabajar las luces y las sombras, es aconsejable que en el montaje de los bodegones se coloque una única luz intensa que incida lateralmente. Ello dejará perfectamente planteadas las diferentes intensidades.

ESQUEMA-RESUMEN

Los blancos necesarios no se abren con la goma de borrar sino que se dejan recortados, en reserva, en relación con los oscuros. Conforme se avanza en el dibujo, estos brillos se pueden corregir.

Con la goma de borrar se limpian las partes de brillo que se puedan haber ensuciado.

El oscuro máximo del fondo sirve de referencia para situar los oscuros del conjunto.

Los planos luminosos se adaptan a la forma de los objetos; la sombra recorta la forma de los brillos y viceversa.

9 Las sombras y el degradado

ESTUDIO DE LOS GRISES

Cada medio de dibujo permite grises diferentes según su dure-za. Antes de proseguir con el tema de la valoración o estudio de los tonos que se pueden generar en las sombras, será conveniente realizar un breve repaso a las posibilidades de tono que brindan los medios de dibujo.

En el tema anterior se estudiaron las sombras y las luces básicas en su aplicación sobre los diferentes planos del modelo. Estas sombras se han estudiado sobre todo a partir de los contrastes duros en los que apenas existían tonalidades medias. Los tonos se pueden valorar en una extensa gama, que, aplicada sobre el modelo, permite una gran variedad de intensidades de luz. Cada uno de los medios que se utilizarán permite diferentes opciones de trazo que se pueden degradar hasta fundirse con el tono del papel o bien con los otros medios de dibujo utilizados. Gracias al buen uso de las sombras, será posible lograr una representación más volumétrica del modelo.

Este cilindro se ha dibujado únicamente con lápiz de grafito del numero 6B, lo suficientemente blando como para permitir una gran variedad de tonos, aunque éstos se pueden enriquecer con infinidad de matices y recursos. Una vez dibujado el cilindro, se ha trazado la sombra en su lado más oscuro con suaves trazos, después se ha difuminado con el dedo y, por último, con la goma de borrar se ha limpiado la zona superior y abierto el brillo de la izquierda. ▲

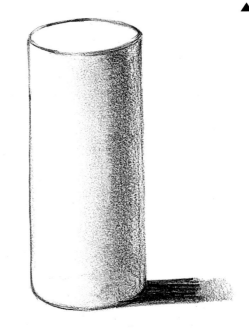

▼ *Esta escala demuestra cómo es posible lograr tonalidades de gran sutileza entre tonos aparentemente iguales. Los lápices y medios blandos permiten trazos oscuros, aunque en ningún caso su máximo grado de oscuridad se iguala entre ellos; tanto en los trazos más densos como en los más luminosos existen notables diferencias tonales.*

MODELADO DE LAS FORMAS

Para situar correctamente los elementos en el modelo, antes se debe saber ver el conjunto como si se tratara de un todo único. El encaje general ayuda mucho en la observación del mismo. Como sucede en los elementos individuales, el conjunto de formas también se tiene que construir observando las proporciones entre cada una de las partes de los objetos. Se presentan en

esta página tres sencillos ejercicios, cada uno de ellos compuesto por varios objetos. Sobre éstos se ha esquematizado la forma general de la composición. Dibuje dicha forma en el papel. Si se comparan los tres ejemplos de esta página, se pueden encontrar dos puntos en común: las formas compositivas no son simétricas y en ningún momento se encuentran centradas.

¿Por qué se escogen frutas y elementos de bodegón para el estudio del modelado y las sombras? La respuesta es sencilla: por la sencillez del dibujo, ya que objetos más complejos distraerían de la finalidad del ejercicio; también porque, al ser elementos asequibles y fáciles de obtener, el aficionado puede iniciarse en el estudio del natural.

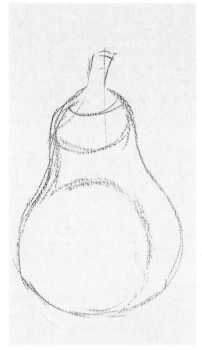

▼ 1. *Para un buen estudio de la luz sobre los objetos, se debe hacer una previsión a partir del esquema inicial de aquellas zonas en las que se albergan los puntos de luz más intensos, para, a partir de éstos, elaborar los tonos medios y después las sombras de mayor oscuridad.*

▼ 2. *De la misma manera que en el tema anterior se estableció una clara diferencia entre las zonas de luz y las de sombra, también, pero en vez de emplear un único tono para solucionarlas, ahora se emplean dos tonalidades bien diferenciadas. Primero, se dibuja con sanguina, ocupando con un trazado suave toda la zona de la sombra, sin llegar a penetrar en la parte destinada a la luz. Con creta de color sepia, se dibuja la principal zona de sombra, separando las dos partes de iluminación y siguiendo el plano de la fruta.*

▼ 3. *Con un suave trazado de sanguina se oscurece toda la parte correspondiente a la sombra; este trazado se dibuja ligeramente inclinado, respetando las zonas de luz. Con esta misma sanguina, se insinúan los surcos de la calabaza. Sobre la parte de sombra se dibuja de nuevo con sepia, esta vez con un dibujo mucho más contrastado que en el paso anterior.*

El desglose o la reducción de los diferentes objetos a dibujar en figuras simples geométricas (círculo, cuadrado, triángulo, rectángulo, etc.) debidamente combinadas, siempre constituirá una buena base a partir de la cual poder resolver con mucha más facilidad y exactitud el tema de su iluminación.

OBJETOS GEOMÉTRICOS Y FORMAS ORGÁNICAS

La formas orgánicas que produce la naturaleza están compuestas por elementos que, si se estudian cuidadosamente, se pueden relacionar sin grandes dificultades, con figuras o formas de geometría pura, como la esfera o el cilindro, y con la ventaja de que dichas formas orgánicas no se encuentran sujetas en su representación a los rigores de la estricta perfección y exactitud geométricas. Para modelar cualquier objeto a partir del estudio de sus tonos es importante partir de la base de que las formas orgánicas se pueden entender como elementos más simples conectados entre sí.

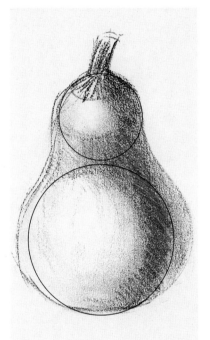

▼ 1. Se parte del ejercicio anterior para el modelado de esta calabaza. Como se puede apreciar en esta figura superpuesta, la calabaza podría estar perfectamente constituida por dos esferas casi idénticas, ya que la luz interviene sobre el objeto desde la misma posición e intensidad. Para continuar con este ejercicio de valoración de las sombras, se funden l os tonos de sepia y sanguina con los dedos, con movimientos circulares en torno a la situación de los brillos.

▼ 2. Con el lápiz de sanguina se inicia el trabajo de valoración de las sombras, a partir de la superposición de los trazos sobre los tonos anteriores recién fundidos. Para lograr un tono de sombra bastante oscuro y definir completamente el volumen redondo de la calabaza, se utiliza un lápiz conté de color negro. El trazado sobre la sombra es denso pero no tanto como para sellar completamente el poro del papel. En la zona donde se ubican los brillos se realizan éstos mediante la apertura de blancos con la goma de borrar. La valoración del color negro se completa con un suave difuminado sobre el lado derecho.

▼ 3. Para acabar de valorar las sombras de esta calabaza es necesario compensar los oscuros del fondo. Éste será a partir de ahora uno de los recursos más utilizados en la valoración de los objetos. Un oscuro de gran densidad en todo el fondo pondrá en realce los tonos más luminosos del objeto representado.

Tema 9: Las sombras y el degradado

SUAVIDAD DE LA LUZ Y EL TRAZO

Cuando se utilizan a la vez varios medios de dibujo, el modelado se puede alternar perfectamente con la combinación de los trazos de cada procedimiento. En este ejercicio se van a utilizar diversos medios de dibujo para realizar una propuesta, que si bien no reviste una gran dificultad, sí hace necesario estudiar atentamente sus sombras y sus zonas de luz con el trazo de la creta blanca.

> Para un correcto y controlado ejercicio de modelado, es conveniente empezar a trabajar con trazos suaves, que se irán intensificando donde proceda con nuevos trazos superpuestos que irán matizando y definiendo progresivamente cada detalle.

▼1. *Se trabaja con un amplio trazado de sepia y lápiz carbón; las hojas quedan perfectamente recortadas por el fondo. Con el lápiz de sanguina se refuerza todo el dibujo de la zona inferior de las hojas. La presencia de un tono oscuro frente a uno claro provoca la aparición de contrastes simultáneos que potencian dichos tonos. Las hojas ganan en luminosidad gracias al oscurecimiento del fondo. Se inicia la textura de la hoja de la izquierda con un trazado de sanguina y sepia a ambos lados del nervio central de la hoja. Con la creta blanca se comienzan a aumentar las luces de la textura; bastan unos toques de blanco sobre la hoja para conseguir esta textura rugosa y plateada que presentan. Con la creta blanca se dibuja el hilo del que penden las hojas. En la zona inferior izquierda se traza una trama de color sepia. Estas líneas horizontales se funden con los dedos y se enriquecen los tonos sobre el papel.*

▼2. *En la hoja de la derecha se dibujan con siena algunos oscuros, que se adaptan a la forma de los nervios. En esta hoja está perfectamente definido el modelado y los contrastes de claros y oscuros. Con el lápiz de creta blanca se dibujan las partes más brillantes y luminosas. Con trazos verticales de lápiz carbón se contrasta el fondo. Para contrastar las texturas de todo el dibujo, se trazan las vetas con trazos largos de carbón y sepia. También se aumentan los contrastes de la textura de las hojas con un perfilado de las líneas blancas y un incremento de los oscuros. Solamente queda por resolver el completo oscurecimiento de la sombra de las hojas sobre la madera.*

Pájaros

La valoración permite estudiar el modelado de las sombras con una gradación tonal que se integra sobre el blanco del papel de forma progresiva, hasta que el modelo representado adquiere un volumen muy cercano al del modelo real. La imagen puede parecer compleja; nada más lejos de la realidad. En su desarrollo se podrá apreciar cómo, si se parte de un buen esquema, el resultado es mucho más sencillo de lo que parece. Después, para lograr el alto grado de realismo, es cuestión de una buena organización en la búsqueda de los tonos de cada una de las zonas de luz del modelo.

MATERIAL NECESARIO

Lápiz conté negro (1), lápiz sanguina (2), lápiz sepia blando (3), lápiz sepia duro (4), papel de dibujo (5), trapo (6) y espray fijador (7).

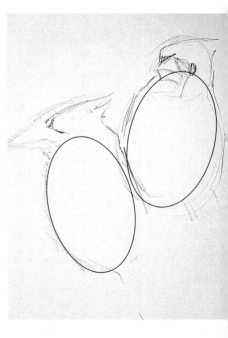

1. *Es muy importante conocer cuál es la forma del modelo antes de comenzar a plantear la distribución de sus sombras, ya que en el modelado de las mismas éstas deben adaptarse por completo al esquema que se realice en el primer momento. Si se observa atentamente el modelo, es fácil adivinar que los dos pájaros se pueden encajar dentro de un esquema perfectamente elíptico. Ésta es la forma que se va a desarrollar principalmente en la valoración y en el modelado de los tonos. Una vez establecida da la estructura interna de los dos pájaros, se dibujan sus caras a partir de la situación de los picos. Se ha superpuesto un esquema gráfico para facilitar el esbozo de este importantísimo primer paso.*

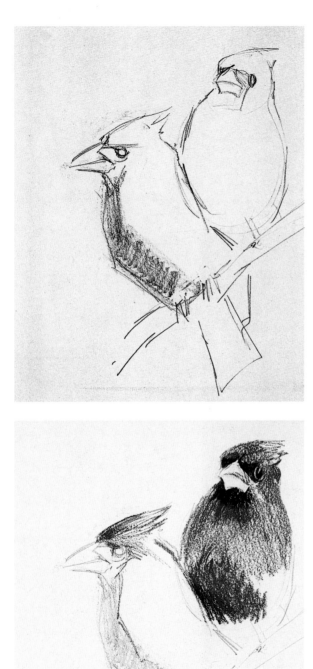

2. *Solamente cuando el esquema lineal está perfectamente resuelto, se puede comenzar a esbozar la primera
zona de sombra sobre el modelo. Con el mismo color
negro utilizado para el encaje, se inicia el sombreado
sobre el pájaro de la derecha. El trazado es muy suave
y sigue perfectamente el plano fusiforme del cuerpo
del animal. Al realizar este primer oscuro, todo el
resto del cuerpo se entiende como una parte más
luminosa, donde se encierra el máximo punto de brillo.*

3. *Se debe tener un cierto cuidado en la presión de los
lápices sobre el papel, ya que los tonos más claros se
logran con un trazado muy suave. Esta presión deberá
ser mayor cuando se quieran obtener tonos más oscuros. Para paliar la falta de difuminado, se utilizan lápices
de diferentes tonalidades, por lo que, si se quiere oscurecer un tono, se puede aportar también un trazado
más oscuro. De todas maneras, como se puede ver en
el pájaro de la derecha, el sombreado del cuerpo se
realiza perfectamente con el lápiz de sanguina.*

4. *El trazado con el lápiz de sanguina se realiza muy suave
y con trazos cortos y rápidos cuando se quiere que la
textura resulte homogénea sin que el poro del papel
se cierre. A medida que se realizan los oscuros, se insiste
más sobre la zona, pero sin cubrir completamente
el blanco del papel. En la parte inferior del cuerpo del
pájaro de la derecha se puede apreciar la máxima
tonalidad que se logra con el tono de la sanguina.
Cuando se requiere dibujar una tonalidad más oscura,
por ejemplo en la cara del pájaro, se utiliza el color sepia.*

5. *El modelado del cuerpo del pájaro de la izquierda se dibuja de la misma manera que se planteó en un principio, pero esta vez con el lápiz de sanguina. Primero se traza sobre la forma ovalada con suavidad. Una vez cubierto el volumen, se insiste sobre la zona que debe ser más oscura. En la zona inferior, al igual que en el pájaro de la derecha, el trazado es mucho más denso y decidido, de tal manera que las zonas de luz y de sombra quedan bien descritas por los tonos utilizados. Con el lápiz de sepia más oscuro se trazan las sombras que se superponen a los tonos oscuros de sanguina. Esbozadas ya las sombras, se vuelve a insistir con el lápiz de sanguina.*

Para lograr un buen resultado en un trabajo como el presente, es absolutamente necesario que el planteamiento inicial se realice a conciencia y con total meticulosidad.

6. *Las caras de los pájaros han quedado resueltas casi desde el principio, por lo que el principal trabajo reside en el modelado y la valoración de los cuerpos. Una vez se ha resuelto la valoración de tonos, la evolución del dibujo se basa en la aportación de contrastes que den forma a las sombras, y, por supuesto, en la compensación de los tonos que resultan demasiado claros.*

Cuando se está valorando al unísono todo el volumen, al oscurecer demasiado una sombra, los anteriores tonos luminosos pueden resultar demasiado claros; para corregir, será necesario contrastarlos algo más para equilibrar el conjunto.

7. *Las tonalidades que modelan el cuerpo de los dos pájaros se suceden de manera progresiva, siempre aumentando el contraste desde las zonas de sombra. Los oscuros se realizarán siempre siguiendo el trazado de líneas que se ha marcado originalmente. De esta manera se acaba de oscurecer la zona inferior del pájaro de la derecha. Las zonas más luminosas quedan resueltas gracias a esta nueva intervención con tonos más oscuros.*

ESQUEMA-RESUMEN

El esquema inicial marca la forma que deben tomar las sombras en el modelado y en la valoración. Por lo general, todas las formas parten de elementos muy sencillos, aunque luego puedan complicarse con la superposición de otros elementos.

Los tonos más oscuros se esbozan tímidamente sobre el dibujo inicial perfectamente esbozado.

Los blancos y las zonas luminosas quedan recortados por las tonalidades oscuras.

Se debe recurrir a otro tono más oscuro cuando un tono llega a su máximo punto de oscuridad; no se debe insistir más.

Tinta, blancos
y negros puros

EL ESTILO Y EL USO
DE LA CAÑA

En este tema se va a practicar con uno de los procedimientos de dibujo más clásicos, aunque actualmente no se encuentra tan difundido como el resto de medios secos. La utilización de la caña, el pincel y la tinta en barra permite un trazo muy versátil, comparable al que se desarrolla con carboncillo en cuanto a resultados plásticos. Lo más importante en el dibujo con caña es el control de la cantidad de tinta que incorpora el trazo. Para comenzar a practicar con la caña de bambú, se propone en este capítulo un paisaje en el que se practicarán las distintas posibilidades de trazo.

El dibujo se puede realizar con cualquier medio que pueda permitir un trazo. Aunque, por regla general, se dibuja con procedimientos secos como el grafito, el carboncillo o la sanguina, también se puede dibujar con tinta o con cualquier procedimiento que permita la realización de un trazo. La caña y el pincel son herramientas tradicionales de dibujo con las que se logran impresionantes resultados, ya que permiten todo tipo de efectos propios del dibujo.

1. *Para dibujar con caña, ésta se tiene que mojar en tinta. La tinta que se utilice puede ser líquida o en barra. Antes de comenzar a dibujar, se debe considerar que la punta de la caña deja un rastro gris, incluso después de haberse agotado la carga de tinta. El trazo gastado disminuye en su tono cuanta menos tinta tenga en la caña. Si se moja la caña en la tinta, ésta permitirá de entrada un trazo negro y seguido con el cual se dibujará la línea del horizonte. Una vez agotada la tinta con la que se ha dibujado la línea del horizonte, se traza el cielo con el trazo gastado.*

▼ 2. *La caña de bambú permite un trazo gastado con el que se dibujan grises de diferentes intensidades, según la carga de la punta de la caña. Se traza todo el espacio del cielo y se recorta la forma de las nubes. Estos grises resultan más luminosos al estar la punta casi descargada de tinta. Después de mojar una nueva carga, se dibujan los oscuros del horizonte. Aquí se alterna la mancha con el trazo gastado y así se realiza una variedad de grises oscuros en el fondo.*

▼ 3. *El trazo de la caña de bambú es de una gran flexibilidad y permite la realización de trazos gruesos o finos, según la presión que se realice sobre el papel y la carga de tinta que lleve. Después de dibujar un trazo muy cargado de tinta en el tronco de los árboles al borde del camino, se realizan trazos más finos, si se arrastra la tinta húmeda con la punta de la caña.*

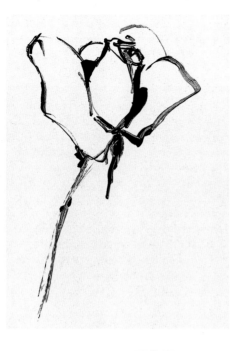

ENCAJE Y SITUACIÓN DE LAS LUCES

El tono de la tinta siempre se debe pintar en progresión, ya que un trazo de tinta resulta bastante difícil de corregir. Resulta mucho más organizado y seguro partir siempre de tonalidades luminosas que den pie a tramas y oscuros más densos. Primero, se dibujan los grises más claros y sobre éstos se trazan líneas más oscuras. Los máximos oscuros del cuadro se deben trazar al final.

▶ **1.** *El encaje de esta flor se inicia desde su forma central; de esta manera es más sencillo encontrar los puntos de partida del resto de líneas que dibujan los pétalos. La máxima carga de la caña se aprovecha para manchar los oscuros laterales de esta forma central. Con la caña algo gastada se concluyen los pétalos y el tallo.*

La corrección de la tinta depende de la calidad del papel que se utilice para dibujar; el más adecuado para tinta es el estucado. Sobre un papel normal, la tinta penetra hasta el interior de su fibra e imposibilita el borrado; en cambio, sobre el papel estucado, la tinta se seca en la superficie.

3. *Los trazos de los nervios de las hojas hacen que éstas se integren en el conjunto. Alrededor de las hojas recién abiertas se dibujan negros oscuros que contrastan fuertemente con éstas y ponen en realce los blancos.* ▼

▼ **2.** *Cuando se ha esquematizado la forma principal, se trazan los oscuros que recortan por completo la flor; esta zona oscura se traza de manera muy seguida y rápida en dirección a la flor. Los oscuros con la tinta se logran con trazos muy juntos cuando se quieren obtener negros muy densos; cuanto más abierta sea la trama, la intensidad quedará más gris. Una vez seca la tinta sobre el papel, se coge la cuchilla de afeitar y se rasca con la hoja transversal para no rasgar el papel. Se puede comprobar cómo sobre este papel no hay ningún problema a la hora de rascar la tinta.*

1. *El encaje de las líneas principales del dibujo se realiza con la caña, con un trazado rápido y ágil para facilitar la comprensión de las formas y de sus planos. Cada una de las zonas del paisaje se dibuja con un tipo de trazo que se adapta a la forma de cada plano. Los trazos que dibujan la tierra son curvos y horizontales, y los de las montañas son inclinados y alargados. La forma como se traza sobre el papel permite insinuar las diferentes texturas del paisaje y situar las luces de cada término.*

INTUICIÓN DE LAS FORMAS A PARTIR DE LAS LUCES

Cuando se trata de manchar una superficie extensa, resulta más sencillo hacerlo con el pincel que con la caña. En este nuevo ejercicio se plantea un paisaje en el que se van a utilizar alternativamente la caña y el pincel. Preste atención al resultado de cada uno de los trazos y a cómo responde la tinta al ser tratada con pincel o con caña. Por otro lado, la situación de diferentes intensidades de gris en términos perfectamente ubicados permite definir las zonas de sombra y, por contraste, las de luz.

2. *Con el pincel mojado en tinta se dibujan las zonas más oscuras del paisaje con bloques de negro. A este efecto se le llama estilo bloqueado, porque los oscuros se explican como bloques compactos de tinta. El estilo bloqueado facilita la creación de fuertes contrastes simultáneos entre los claros y los oscuros. No se debe empapar demasiado el pincel de tinta ya que ésta tiene un gran rendimiento.*

> El trazo de la caña de bambú con tinta china no es irreversible; con un poco de práctica, la tinta se puede utilizar como cualquier otro procedimiento de dibujo.

3. *El ejercicio concluye alternando los dos medios de dibujo. Con el pincel se trabajan aquellas zonas que deben ser negras y compactas, y con la caña se trazan las líneas finas que tienen un carácter más dibujístico. Éste es el aspecto que presenta el paisaje acabado. Los trazos se han alternado para lograr una buena combinación de manchas densas y líneas finas. Las formas se han definido a partir de sus luces.*

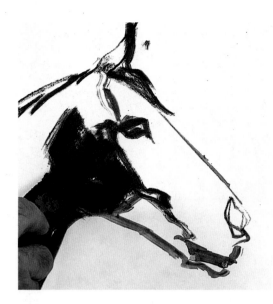

▶ **1.** *Éste es un ejercicio sencillo si se siguen atentamente los pasos que se indican. Se moja y se frota un poco la barra de tinta sobre la piedra para no obtener un trazo demasiado negro. Las primeras líneas se realizan finas. Con el canto de la barra se encaja la forma de la cabeza del caballo, comenzando por la recta de la frente hasta el morro. Con el plano estrecho de la barra se traza la línea de la boca y la parte posterior del cuello. Una vez encajada completamente la cabeza, se dibujan los planos más oscuros de la cara.*

SÍNTESIS DE TONOS

Una vez se ha estudiado el modelo y se ha descubierto la estructura de su composición y cómo se encuentran distribuidos los diferentes planos, se construye el esquema antes de comenzar el dibujo propiamente dicho. En el proceso de la construcción se tiene que considerar en primer lugar la forma general, y después los elementos y sus proporciones. Se propone en esta página un ejercicio a partir del modelo de la página anterior, que consiste únicamente en la elaboración de su esquema compositivo.

> Cada vez que se gasta el trazo de la barra, se debe aprovechar la textura que deja para oscurecer con grises medios alguna zona que lo necesite.

▶ **2.** *Una vez que se han dibujado las líneas principales, se trabajan los contrastes más oscuros con la barra húmeda y reblandecida en agua. Para que se puedan dibujar negros muy intensos, la barra de tinta se tiene que frotar, arrastrando poca agua, la suficiente para hacer que la barra de tinta se humedezca y ablande. En la cara del caballo, con la barra casi seca, se trazan los grises medios. El aspecto de esta línea es similar al que muestran otros medios secos de dibujo como el carbón prensado.*

▶ **3.** *La elaboración del caballo con la barra de tinta se realiza gradualmente. Los oscuros se dibujan cuando las zonas más claras han quedado suficientemente definidas y estructuradas. Las primeras líneas permitieron la situación de los oscuros de las sombras; ahora, se debe evitar que se manchen más de la cuenta las zonas que tienen que quedar blancas o en reserva. Con la barra de tinta muy reblandecida, se oscurece la crin del caballo y la zona inferior del cuello.*

paso a paso
Figura femenina

El dibujo directo con la barra de tinta permite una gran variedad de trazos y presenta un aspecto gráfico muy interesante. Esta propuesta encierra la mayoría de las aportaciones técnicas del tema, sobre todo las que hacen referencia al procedimiento del dibujo con tinta. Como se podrá comprobar, los resultados del dibujo directo con barra varían de los del dibujo con caña o con pincel, pero el proceso es muy similar. Éste es un buen ejercicio para practicar trazos, manchas y zonas de gran densidad de negro. La figura vestida es más sencilla de solucionar que la desnuda, ya que las formas pueden ser más sintéticas y rectas.

MATERIAL NECESARIO

Tinta china en barra (1), piedra negra para disolver la tinta (2), pincel (3) y papel (4).

1. *El dibujo se comienza con la barra de tinta sin ningún trazado previo. La barra se humedece con agua y frota en la piedra hasta que se desliza suave; después se carga la tinta. Se inicia con trazos sueltos que se encajan gradualmente hasta que se completa la forma de la figura.*

2. *Esquematizadas las líneas principales de la figura, se aseguran con un trazo mucho más firme y oscuro que los anteriores. Los contrastes se resuelven con un tono negro muy denso; para ello se moja la barra y se frota hasta ablandarla más; esta vez se deja escurrir el agua sobrante pero no se elimina el exceso de tinta. Con un trazo con la parte plana de la barra de tinta, se marcan los principales contrastes de la figura, que serán definitivos para señalar los volúmenes principales. Las zonas más iluminadas quedan recortadas por estas zonas negras.*

3. *Se puede apreciar un estudio de los trazos del rostro. Las formas tienen que ser lo más sintéticas posible, sin llegar a invadir las zonas luminosas con ninguna línea que las ensucie. El trabajo se realiza con el canto de la barra de tinta, sin que llegue a gotear. La dureza de la tinta permite un trazado delicado, aunque, como se puede apreciar, no es posible trabajar demasiado los detalles.*

4. *Las zonas luminosas de cada una de las partes de la figura tienen que permanecer intactas; tenga en cuenta que la tinta china resulta muy difícil de corregir una vez que se ha dibujado con ella. Por este motivo cada uno de los trazos o manchas que se planteen sobre el cuadro deben ser lo más aproximados posible, asegurando las zonas muy poco a poco. El trazo debe ser siempre progresivo y asegurarse sobre las líneas realizadas con anterioridad.*

5. *Ahora se va a utilizar el pincel. Para obtener esta tonalidad de color gris, basta con humedecer el pincel con la tonalidad de tinta que hay en el recipiente. Si este tono es demasiado claro, se tendrá que frotar la tinta hasta obtener un gris más oscuro; si, por el contrario, el gris resulta demasiado oscuro, se tendrá que rebajar añadiendo agua limpia.*

Según la temperatura, el secado de la humedad de la pincelada o del trazo de la barra puede representar un gran inconveniente para desarrollar un trabajo al gusto del artista. El tiempo de secado de la tinta se puede controlar si se utiliza alcohol o unas gotas de glicerina. El alcohol acelera la evaporación del agua, mientras que la glicerina la retrasa. Estos productos se deben añadir al agua con la que se obtiene la tinta.

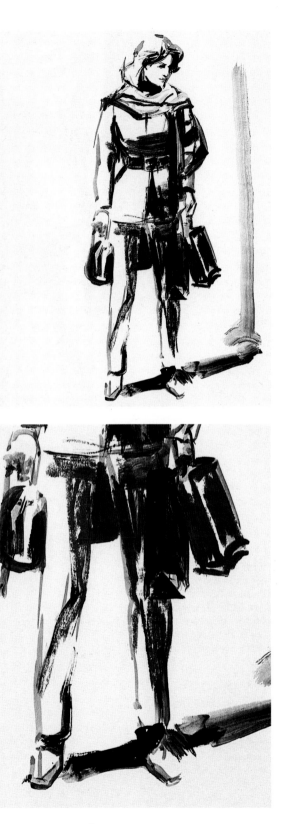

6. *En este detalle se puede apreciar cómo se utiliza el estilo bloqueado para aislar los blancos únicamente con negros densos. Éste es uno de los grandes recursos utilizados por los buenos conocedores del trabajo con tinta.*

7. *Con la barra de tinta china mojada y a todo lo ancho de su superficie, se traza el oscuro de la columna que hay detrás de la modelo. Los blancos de ésta quedan perfectamente recortados por esta forma tan densa. Por último, sólo queda lograr un gris medio en las zonas de sombra de la figura. Se dibuja con el pincel mojado únicamente en agua, arrastrando parte del tono de tinta que hay en la figura. Así se puede dar por concluido este trabajo de tinta.*

Cada técnica tiene sus propios recursos y resulta especialmente adecuada para determinadas prestaciones. Antes de decidirse por el tipo de técnica que va a utilizar, debe pensar bien cuál resultará la más indicada para que sirva lo máximo posible al tipo de trabajo que va a realizar.

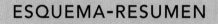

ESQUEMA-RESUMEN

Los rasgos del rostro se realizan con el canto de la barra. Se debe tener un cuidado especial con la síntesis de las líneas para no ensuciar una zona que debe permanecer limpia.

Las primeras líneas se realizan con un trazado sencillo, no demasiado negro, para esbozar la figura. El trabajo con tinta tiene que ser muy progresivo ya que la corrección se hace más difícil que en el dibujo a lápiz.

Los oscuros de la figura se aplican con la barra plana, recortando la forma de los brillos. De este modo se logra un estilo bloqueado que pone en realce las luces.

La barra de tinta dibuja en toda su superficie y permite diferentes **tipos de gris** según sea su grado de humedad.

Copia con cuadrícula

USO DE LA CUADRÍCULA

El carboncillo se puede utilizar como un medio de dibujo muy versátil. Según cómo se coja, permitirá dibujar con la barra a lo ancho, de punta o plana entre los dedos. Cada forma de coger la barra permite un tipo de trazo determinado, que, a su vez, se puede aplicar al dibujo para lograr una gran variedad de opciones y resultados.

Dibujar no es una tarea sencilla; a menudo hasta los buenos dibujantes tienen problemas cuando tratan de representar fielmente un modelo. Claro que en el dibujo artístico no se busca una copia exacta, para eso está la fotografía, pero esta búsqueda de perfección en la representación no se tiene que descartar. Existen muchos métodos que permiten representar fielmente el modelo sobre el papel, desde la ampliación y el calco mediante fotocopia hasta la visualización de la imagen con un proyector de diapositivas. Pero si lo que se busca es aprender a comprender el modelo, en definitiva, un paso indispensable en el aprendizaje del dibujo, deben descartarse dichos medios. La copia mediante la cuadrícula ayuda a interpretar la dirección de las líneas del modelo y a estructurar mejor el dibujo en el cuadro.

▼ *Para realizar trabajos de cuadrícula se tiene que partir de una imagen fotográfica. Puede ser una fotografía, un dibujo o un recorte de una revista. El encuadre escogido tiene que ser el mismo que el lugar sobre el que se va a representar la imagen; es decir, el lugar sobre el que se dibujará tiene que ser proporcional al modelo propuesto.*

◀

En este primer ejercicio se divide el modelo en dos ejes. El papel también se divide en dos ejes idénticos. El dibujo se inicia partiendo del mismo punto de vista que el que se corresponde con el modelo. Se tiene que hacer coincidir cada zona con su homóloga sobre el modelo; la cruceta dibujada ayudará a situar los puntos de referencia correspondientes.

◀

Las zonas se deben corresponder tanto en el modelo, como en cada uno de los trazos realizados sobre el papel.

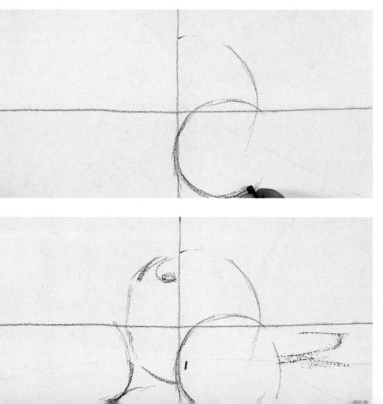

▶ 1. *La cruceta es un sistema muy útil en la composición y en las medidas de las proporciones entre los objetos; pero permite una cierta libertad de dibujo, dado el amplio margen que se desarrolla entre cuadro y cuadro. Se tiene que procurar que el dibujo coincida todo lo posible con el modelo. En éste la pera de la derecha coincide con el eje vertical; en el dibujo también se debe hacer coincidir.*

LOS GRISES

El método de copia a partir de la cruceta es el menos exacto de los métodos de copia por cuadrícula, pero también el más utilizado por los dibujantes ya que permite una elaboración más suelta y artística del modelo original. La cruceta es únicamente una guía que permite dibujar el encaje con mayor seguridad. Una vez solucionado el encaje, se debe olvidar la cruceta y acabar el dibujo según la elaboración más tradicional.

▶ 2. *Cuando el dibujo se encuentra completamente desarrollado, se pueden comenzar a plantear los grises y los tonos medios. En este momento se puede prescindir del elemento de copia y pasar al desarrollo artístico. Los primeros grises se dibujan con la barra plana, tan sólo se trata de plantear la diferencia de tonos entre luces y sombras. Una vez que se han esbozado los oscuros que plantean las sombras, se acentúan los contrastes.*

> La cuadrícula se tiene que dibujar con un medio de fácil borrado, como por ejemplo un lápiz de grafito del número 6B. La presión con la que se tiene que trazar la cuadrícula es mínima.

▶ 3. *Con las sombras completamente planteadas, la cuadrícula se puede borrar en su totalidad; para ello se puede utilizar una goma de borrar corriente. Si en el proceso de borrado se elimina parte del dibujo, no importa ya que el dibujo se puede rehacer en cualquier momento. Los grises de la composición se dibujan de manera progresiva. Como se acaba de ver en el paso anterior, los primeros grises se plantean con sanguina. Después se ratifican los oscuros con carboncillo. Y, por último, los brillos se abren con la ayuda de la goma de borrar.*

1. *Cuando se trata de realizar una copia de cierta precisión, es importante el uso de una regla.*

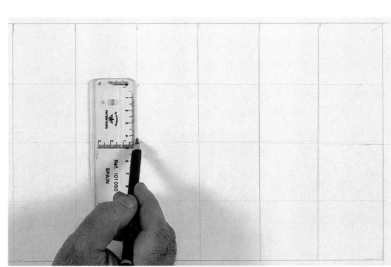

AMPLIACIÓN Y COPIA

El procedimiento de la copia mediante cuadrícula puede llegar a alcanzar una gran exactitud. Cuantas más divisiones presente el modelo, en su realización sobre el papel la guía será más exacta y la posibilidad de error en el dibujo disminuirá notablemente. Además de ser un perfecto método de copia, la cuadrícula permite la ampliación proporcional del modelo. De este modo se puede trabajar a partir de imágenes pequeñas con el resultado final de dibujos de gran tamaño.

2. *La ampliación de la cuadrícula depende del formato del papel donde se vaya a dibujar. El método más sencillo es el siguiente:*
- *Se toma la medida de la anchura y de la altura del modelo y se procura una división exacta; por ejemplo, si el modelo mide 8 cm de altura y se divide entre cuatro surgen cuatro divisiones de 2 cm. El ancho de la imagen se divide también en partes de 2 cm.*
- *Para ampliar el modelo en el papel, éste se tiene que dividir en las mismas partes que el original, pero aumentando la medida de las divisiones; por ejemplo, haciendo que los cuadros sean de 5 cm.*
- *La cuadrícula resultante debe tener tantos cuadros como los realizados en el modelo original.*

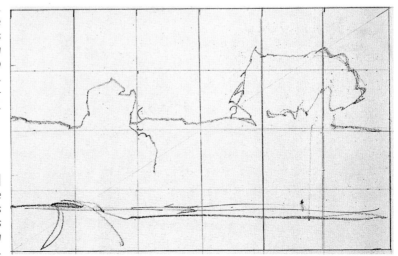

3. *En el uso de la cuadrícula se tienen que hacer corresponder los perfiles de las formas con los del modelo. Así, en cada uno de los cuadros se desarrolla una parte idéntica a la que existe en el modelo fotográfico.*

▶ 1. *Este ejercicio parte del dibujo perfecta-mente estructurado a partir de su ampliación mediante la cuadrícula. Primero se trazan los grises más tenues con la barra de carboncillo plana. Se emborrona con los dedos para ofrecer un fondo difuminado y se vuelve a dibujar con carboncillo; esta vez con la barra de punta sin demasiada presión en el árbol de la derecha y en el fondo. En la izquierda, los contrastes se acentúan algo más así como en la línea de inicio del bosque en la zona inferior.*

COPIA DE FOTOGRAFÍAS

Con este procedimiento es posible dibujar cualquier imagen, es decir, se puede ampliar todo lo necesario, un boceto o cualquier fotografía. El proceso de elaboración será tan elaborado como quiera el artista. En este ejercicio se va a concluir el iniciado en la página anterior. Como se puede apreciar, el uso de la foto-copia como modelo ayuda notablemente en la realización de los grises.

▶ 2. *Con la yema de los dedos se realiza un nuevo difuminado con el que se emborrona todo el fondo de la arboleda. Sobre esta base de un tono gris medio se comienzan a dibujar los principales oscuros de los árboles; se sigue la pauta de la cuadrícula y se procura que las diferentes densidades de gris coincidan con los tonos del modelo. Se intensifican poco a poco las zonas que albergan sombras más oscuras y se dibujan las ramas más evidentes.*

▶ 3. *Los contrastes se suman a los diversos tonos. Los contornos de las manchas más directas se difuminan con los dedos. Para concluir este ejercicio sólo queda limpiar con la goma de borrar todas aquellas zonas que se puedan haber manchado por error.*

paso a paso
Paisaje urbano

La utilización de la cuadrícula resulta especialmente útil en la representación de modelos complejos. Se entiende por un modelo complejo aquel que se compone de líneas de difícil comprensión, como, por ejemplo, la inclinación de los planos de este paisaje urbano. Con la cuadrícula la solución de estos problemas se realiza con la sencillez de una simple medida. Este ejercicio no es difícil, resulta bastante más sencillo que muchos de los realizados anteriormente, pero requiere una gran atención en el planteamiento de los trazos y las inclinaciones de éstos.

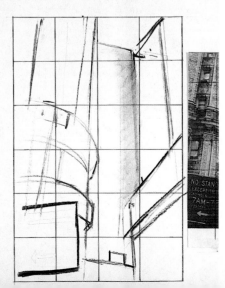

MATERIAL NECESARIO

Papel de dibujo (1), lápiz (2), regla (3), carboncillos (4) y trapo (5).

1. *Para dividir el modelo, se realiza una fotocopia sobre la cual poder dibujar con toda comodidad. Las líneas iniciales son las más complejas, ya que se tiene que observar dónde se inician y dónde terminan en el modelo y reproducirlas sobre el papel. Si no se tiene un buen pulso, puede utilizarse como guía una hoja doblada, el canto de una libreta o la regla.*

2. *Una vez estudiadas las principales líneas y planos del modelo sobre el papel, se empieza a plantear el dibujo de los grises. Se comienza por los edificios del fondo; primero con un trazado plano, oscureciendo toda la parte correspondiente al reflejo; después, con la yema de los dedos se emborrona toda la zona y se llena de gris el lado izquierdo del edificio. Observe un detalle en el dibujo: el cartel del primer término se ha trazado voluntariamente de manera errónea para poder realizar después la corrección correspondiente. Como se puede apreciar, la inclinación de sus líneas no se corresponde con las del modelo.*

La cuadrícula permite trasladar el modelo al papel con una gran exactitud en la composición de líneas y planos. Mediante la cuadrícula se puede ampliar perfectamente el modelo.

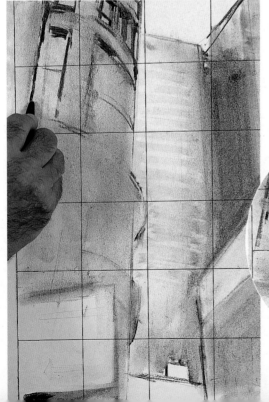

3. *Con la mano abierta se emborronan todas las líneas del dibujo; así es posible aplicar una tonalidad grisácea sobre la cual dibujar. En el edificio del fondo se dibuja con el dedo, abriendo líneas blancas para las hileras de ventanas. En el edificio de la izquierda se dibuja con el carboncillo de punta; el trazo es mucho más libre y suelto que el realizado en el encaje original.*

4. *En este detalle se puede apreciar cómo evolucionan las líneas sobre la cuadrícula. Se procura un trazo suelto, y se va corrigiendo el dibujo a medida que se construye. Para corregir cualquier zona basta con pasar la mano o sacudir con el trapo. Los detalles ahora ya no tienen por qué ser idénticos a las líneas reales del modelo, pero pueden adoptarlo como una buena referencia.*

5. De la misma manera que el dibujo evoluciona en la zona superior del edificio de la izquierda, con trazos sueltos que esbozan las ventanas y en la parte inferior se dibujan las cornisas. Para las zonas que deben albergar oscuros y sombras, se traza con más presión con el carboncillo y se difumina con los dedos. Fíjese en la cornisa principal de la izquierda. Ahora el cartel se corrige por completo y se cambia la inclinación de sus líneas hasta adecuarse a la del modelo cuadriculado. Las letras se esbozan a partir de los oscuros que las rodean, pero se procura que no muestren ninguna legibilidad.

6. El trabajo de la cornisa de la izquierda se realiza ahora mucho más detallado con ayuda de la punta del carboncillo. El resto de elementos arquitectónicos se dibuja gracias a los esquemas que los apuntaban. En el edificio bajo de la derecha se contrastan los oscuros y se comienzan a perfilar las hileras de ventanas. Para que permanezca la sensación de profundidad y separación de planos entre los edificios del primer término y los del fondo, éstos apenas requieren cambios; por eso se dejan esbozados.

La cuadrícula es un método perfecto para dibujar con exactitud cualquier tema. Pero para garantizar el dibujo y evitar correcciones innecesarias, es conveniente que en las etapas iniciales el trazo sea suave y fácil de eliminar. Conforme vaya avanzando el trabajo y confirmándose la bondad de los trazos realizados, éstos se podrán intensificar definitivamente.

7. *Los contrastes de las ventanas y la cornisa en el edificio de la derecha permiten dar por acabado este dibujo con cuadrícula. No es necesario entretenerse en excesivos detalles ni en una gran exactitud en cada una de las líneas para lograr el mayor parecido con el modelo. Una mancha para insinuar una sombra o una apertura de blanco para lograr un refulgente brillo son más que suficientes.*

Si bien es una opción perfectamente defendible, en principio un dibujo no tiene por qué ser una réplica exacta de lo que vería una cámara fotográfica. Como manifestación artística, debe expresar lo que el dibujante capta y siente en su interior a la vista de lo que tiene ante sus ojos.

ESQUEMA-RESUMEN

Las primeras líneas tienen que ser las más estructuradas del dibujo; por eso se tienen que buscar los trazos fundamentales.

Los grises se comienzan a aplicar en los tonos medios; si luego se emborrona con la mano se obtiene la base para plantear tonos más oscuros. Los edificios del fondo apenas se dejan esbozados.

Los contrastes y las líneas del edificio del primer término se redibujan a mano alzada.

El cartel del primer término se corrige una vez realizado todo el tono oscuro de su interior.

Dibujo de figura

PROPORCIONES FUNDAMENTALES

Las proporciones son, ni más ni menos, el equilibrio de medidas que establece una armonía entre los objetos; en este caso entre las partes del cuerpo. Se dice que un dibujo está desproporcionado, cuando se observa una cabeza más grande de lo normal, unos brazos demasiado largos... o cortos; en fin, cuando el modelo representado se sale de las pautas que se consideran normales. Éste es un ejercicio de observación que se puede aplicar sobre imágenes de revistas, fotografías o dibujos.

Debe establecerse un punto central en la figura. Si una figura se divide en dos, la primera mitad correspondiente al cuerpo debe abarcar desde la línea del pubis hasta lo más alto de la cabeza. Las piernas comienzan justo bajo la línea del pubis, hasta completar la mitad inferior.

La figura es uno de los temas más apasionantes a los que se puede enfrentar el dibujante y, por extensión, todo artista. Supone un reto mayor que el resto de los temas, porque en éste las proporciones, la coordinación entre las formas y la línea revelan una realidad muy cercana al espectador y al artista, por lo que cualquier error que en otro tema podría pasar desapercibido, aquí será de una gran evidencia. Dibujar figuras no es tarea sencilla, requiere una gran capacidad de observación y, sobre todo, mucha práctica, por lo que no se debe perder la paciencia. En este tema se explicarán algunas de las claves fundamentales para dibujar una figura proporcionada.

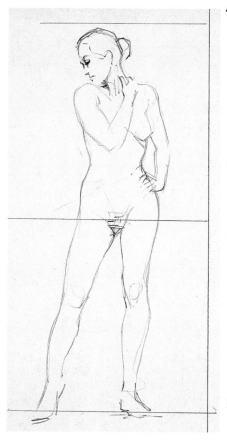

En el dibujo, y por extensión en toda representación artística, el cuerpo humano se rige mediante el llamado canon. El canon no es más que una serie de medidas que equilibra las proporciones entre las diferentes partes del cuerpo. No siempre ha existido el mismo canon. Cada época ha tenido unas preferencias estéticas en cuanto a la representación. Por lo general, en la actualidad, la figura se representa con una medida básica de ocho cabezas; es decir, si se toma como medida la distancia desde la barbilla hasta el final de la cabeza, el cuerpo tendrá ocho veces dicha medida. Como se puede observar, esta figura corresponde al canon citado. Claro que no todas las figuras tienen que respetar este canon. Así, por ejemplo, los niños pequeños tienen diferentes medidas según su edad, desde las tres cabezas y media cuando son recién nacidos hasta ir aumentando dicha medida durante el crecimiento.

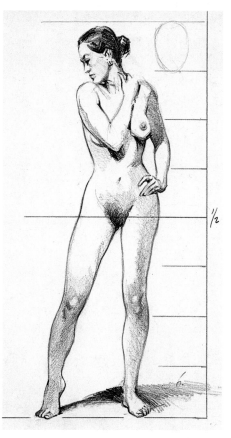

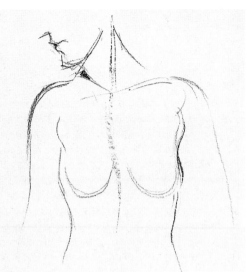

▶ **1.** *El eje del cuerpo es la columna vertebral. Ésta será la línea de simetría a partir de la cual se van a establecer las medidas fundamentales. La distancia de los hombros hasta la columna debe ser la misma, aunque exista una inclinación. Primero se traza la línea que dibuja la columna vertebral; no necesariamente tiene que estar recta ya que es flexible para permitir el movimiento. En su zona superior, antes del nacimiento del cuello, inclinadas y simétricas, se marcan las clavículas. Observe cómo se dibuja el tronco y el dibujo esquemático del pectoral, que coincide con el inicio de los brazos.*

ESTRUCTURAS PRINCIPALES: DIBUJO DEL TORSO

Aunque la simetría total no existe en el cuerpo humano, pues todo el mundo tiene una parte del cuerpo diferente de la otra, en dibujo conviene considerar el cuerpo humano como un elemento de simetría perfecta. Así será más fácil representar partes de aparente complejidad, como el torso. Si se revisan los anteriores temas de dibujo, se podrá comprobar que los elementos de la naturaleza se pueden representar a partir de la síntesis de sus líneas. Es importante establecer un eje principal, y a partir de éste elaborar las formas que corresponden.

▶ **2.** *Cuando el esquema se encuentra construido y con las proporciones debidamente corregidas, se puede empezar a plantear un estudio más profundo de la anatomía; el volumen ayudará a comprender las formas a través del dibujo. Aquí el cuello se encuentra torcido por la inclinación de la cabeza. Esta inclinación provoca una tensión del músculo deltoides en la derecha. Así mismo el sombreado del pecho permite representar el aspecto volumétrico de la figura.*

▶ **3.** *El cuello proporciona una gran expresividad al torso, su musculatura implica la flexibilidad de la cabeza; por eso se debe representar rompiendo siempre la simetría que marca la columna. Una vez planteados los volúmenes principales en el pecho, se ve que el abdomen presenta el modelado propio de los músculos abdominales.*

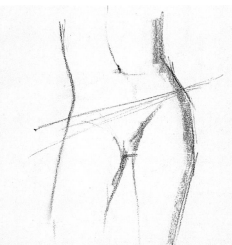

1. *La cadera se debe entender como una línea recta, en realidad esta línea corresponde a la parte superior de la pelvis y a la unión ficticia de las dos caderas. La inclinación de la cadera bascula desde la columna vertebral, coincidiendo en el punto de flexión de las piernas en esta zona. Al inclinarse la línea de la cadera, la columna no permanece totalmente recta, sino que adquiere una suave curvatura en su base. Como se puede ver aquí, a partir de la línea de la cadera en la posición de las piernas hay un desplazamiento de los pesos del cuerpo. En la cadera más baja, se aprecia una flexión debido a que el cuerpo carga sobre la cadera contraria; al descansar el peso del cuerpo en la cadera más levantada, la pierna que soporta el peso debe permanecer recta.*

ESTRUCTURAS PRINCIPALES: DIBUJO DE LA CADERA

La cadera es otro de los elementos principales en el dibujo del cuerpo humano. En esta zona la articulación del fémur se une con la cadera y también entra en juego el eje fundamental que es la columna vertebral. La cadera pocas veces está completamente horizontal. Casi siempre, sobre todo en posturas de descanso, adquiere una ligera inclinación haciendo que parte del peso del cuerpo se apoye sobre una pierna, mientras que la otra permanece flexionada y relajada. A esta pose se le llama contrapposto.

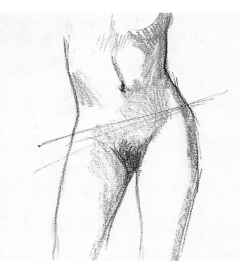

2. *El esquema permite un estudio más profundo de la anatomía si se estudia el volumen del cuerpo. Siempre que se dibuje una figura, se tiene que analizar cada una de las partes que se representan para que su modelado resulte natural. Los muslos no se tienen que dibujar como tubos. La musculatura es más gruesa en su zona superior; el torneado de las piernas se inicia en las zonas más oscuras, buscando de paso la luz mediante el degradado de las sombras. El abdomen no es del todo plano; su oscuridad en el dibujo permite separarlo del abdominal superior y de la flexión de la cadera.*

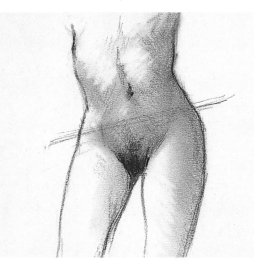

3. *Es importante realizar un buen estudio del volumen. En este ejercicio se ha modelado el dibujo con sanguina hasta degradar los tonos según los planos del cuerpo. Por último, con la goma de borrar se han abierto los brillos de las zonas más prominentes.*

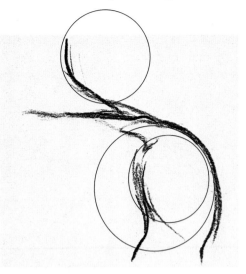

▶ **1.** *Éste es un sencillo ejercicio en el cual se muestra el proceso más simple que se puede seguir para desarrollar una articulación, por ejemplo, la del hombro. Si se observa con atención el esquema inicial, se pueden adivinar formas muy simples como el origen del juego de elementos que forman la articulación. Siempre que se tengan dudas sobre la estructura interna de cualquier articulación, es recomendable estudiarla a partir de formas muy elementales. Los círculos permiten esquematizar las amplias curvas que se forman entre el cuello y el hombro. El círculo más pequeño ayuda a estructurar la musculatura de la articulación. Con este simple esquema parece que el dibujo surja solo.*

DIBUJO DEL HOMBRO. LA COLUMNA VERTEBRAL

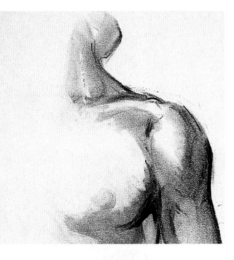

L as articulaciones pueden resultar complejas de realizar mediante el dibujo porque en ellas se unen partes fundamentales de una extremidad; en realidad no existen cuestiones difíciles, sino falta de comprensión en su representación. Es importante comprender la forma interna de la articulación; de esta manera no habrá problema en su esquema y posterior dibujo. Así mismo, la columna vertebral, que es el eje del cuerpo, presenta una gran movilidad; si se aprende a utilizar su línea como centro de la figura, se habrá dado un gran paso en el dibujo.

▶ **2.** *A partir del esquema anterior, un nuevo estudio del modelado permite analizar la musculatura. El hombro parte de una forma esférica, ligeramente ovalada. El músculo pectoral es mucho más plano, por lo que recibe la luz de forma más directa, aunque se suaviza en su límite con las costillas. La musculatura del brazo es alargada y como tal se describe su sombra.*

> El foco de luz es fundamental a la hora de plantear las sombras de las diversas partes del cuerpo. Las sombras permiten dar forma a cada miembro. La dirección de la luz debe estar bien estudiada para que todas las sombras estén situadas en la parte opuesta del foco principal.

▶ *La columna vertebral es lo que permite que la figura sea flexible. Éste es un ejercicio que se puede hacer extensible a cuantos modelos se puedan encontrar, bien sea de fotografía o dibujos de este o de cualquier otro libro. El ejercicio consiste en buscar figuras, sentadas, de pie, desnudas o vestidas, superponer a la imagen un papel vegetal, y sobre éste intentar situar perfectamente la línea de la columna vertebral y la cadera. Después, intente dibujar la figura, aunque sea mediante el calco. Si se realiza este ejercicio con varias figuras se entenderá mucho mejor la importancia de la estructura interna de los huesos.*

paso a paso
Un desnudo

El desnudo es el más bello y complejo tema de cuantos se pueden desarrollar. Supone un gran reto para el artista pero, al mismo tiempo, su logro produce una gran satisfacción. En el presente tema se ha podido estudiar alguna noción anatómica que se intentará completar a lo largo de este ejercicio. En este dibujo se propone la realización de una figura de rodillas. Se ha superpuesto un esquema con la medida de la cabeza como base. En el primer paso se ha vuelto a superponer dicho esquema para que sirva de guía en el estudio de las proporciones.

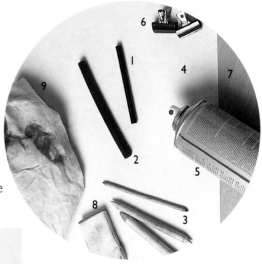

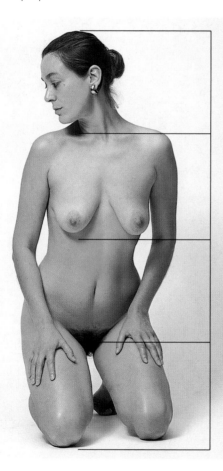

MATERIAL NECESARIO

Carbón (1), carbón prensado (2), difuminos (3), papel (4), espray fijador (5), pinzas (6), tablero (7), goma de borrar (8) y trapo (9).

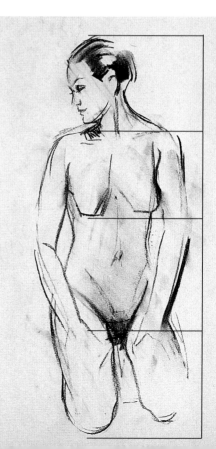

1. *Si se recuerda la lección, cuando para dibujar la figura se toma como punto de referencia el canon de ocho cabezas, las cuatro primeras medidas corresponden al tronco, hasta la línea del pubis. En este dibujo la medida es muy aproximada ya que, al estar la figura de rodillas, parte del cuerpo queda ligeramente más atrasada, por lo que la línea del pubis se desplaza ligeramente. Se tiene que esquematizar la figura con líneas sencillas que sitúen la cabeza, la línea de los hombros y la de la cadera. Una vez planteados estos primeros trazos se realizan las articulaciones de los hombros y los brazos.*

2. La fase más compleja es la inicial, ya que el esquema debe dar paso al modelado de las sombras, pero antes cada uno de los elementos de la figura tiene que estar perfectamente definido y proporcionado con respecto al resto. Con el dibujo completamente asegurado, se pueden empezar a plantear los primeros oscuros. Los oscuros permiten profundizar en el estudio anatómico y poner en realce las zonas de luz. Toda esta primera fase del dibujo se realiza con carboncillo, para que las correcciones puedan efectuarse de manera mucho más sencilla. Con un suave oscurecimiento del fondo se resalta todo el lado izquierdo de la figura. El principal foco de luz está situado en este lado. Siendo así, se comienzan a dibujar los oscuros situados en la derecha.

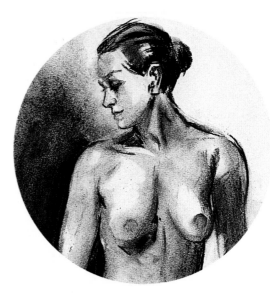

3. Tras situar los primeros oscuros, se aseguran las líneas de la cabeza y del hombro izquierdo de la figura. La inclinación y el giro de la cabeza hacen que se marque la musculatura del cuello, que se contrasta con una intervención muy suave con el difumino. A medida que se realizan contrastes, los oscuros se pueden acentuar más. Observe la sombra de la cabeza sobre el hombro derecho.

4. Con la barra de carboncillo de punta se incrementan notablemente los contrastes sobre la figura. Ahora el modelado se realiza con los dedos, por tratarse de zonas más amplias. En las zonas de marcada iluminación, como en los pechos, los hombros o el antebrazo, se abren los brillos con la goma de borrar. Las líneas que dibujan el contorno de la figura se acaban de reafirmar con un trazo limpio y oscuro. Se comienzan a dibujar las manos.

5. *Hasta ahora se ha utilizado el carboncillo para plantear el dibujo. Los tonos más oscuros que se logran con carboncillo no son tan contrastados como los que se pueden realizar con el carbón prensado. Con la barra de carbón prensado se comienzan a asegurar algunos trazos y zonas oscuras, aunque debe tenerse en cuenta que la estabilidad de este medio es mucho más alta que la del carboncillo, por lo que no podrá corregirse fácilmente. Se dibuja la línea de la pierna hasta la cadera derecha y en torno a este lado se oscurece mucho más el fondo. Con el carbón prensado se oscurece el costado izquierdo, pero sin demasiada presión para poder realizar un trazo bien difuminado sobre la anterior sombra de carboncillo.*

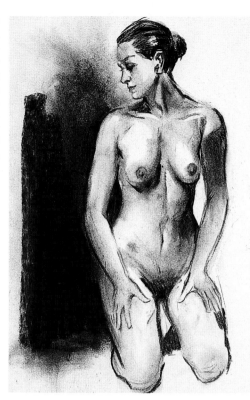

6. *Se puede apreciar el avance del modelado; en realidad no es difícil, ya que las zonas de luz y de sombra se encuentran bastante bien indicadas en la modelo. Es muy importante el trabajo que se realiza con la goma de borrar, ya que proporciona la profundidad que requieren las formas después de haber sido difuminadas. Las zonas de brillo en el abdomen y en el brazo se han abierto con la goma de borrar, sin pretender un blanco absoluto.*

El difumino permite desdibujar el trazo y fundirlo sobre el papel, aunque es mucho más sensible el difuminado con el dedo. Con el difumino se puede acceder a lugares más concretos, incluso se puede llegar a dibujar con él.

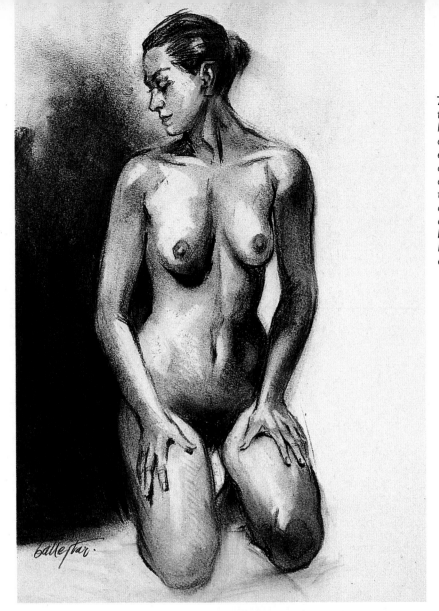

7. Se realizan los últimos contrastes y fundidos en el costado y en los brazos, rehaciendo las formas que se pueden haber perdido en el continuo trabajo de construcción de la anatomía. Con la goma de borrar se acaban de eliminar todas las zonas que se han ensuciado durante el proceso del dibujo y se abren de nuevo los brillos en las zonas donde la luz lo requiera. Ya sólo queda fijar el dibujo con el espray fijador.

Para lograr que el volumen de la figura quede bien planteado y resuelto, es preciso que la luz que incida sobre ella provenga de una única fuente de luz. Jamás una figura debe recibir una luz de intensidad o similar por ambos lados.

ESQUEMA-RESUMEN

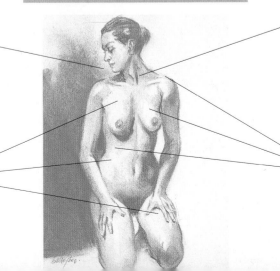

Tras el encaje inicial, **las formas se perfilan** con la ayuda de los grises que las rodean, los primeros grises se inician en el fondo e indican la dirección del foco de luz.

Es importante dejar bien situados **los puntos de máxima luz** para que quede bien resuelto el volumen de la figura.

La columna vertebral es **el centro de la anatomía**; de este eje parten la línea de los hombros y la de la cadera.

Los brillos más luminosos de la anatomía se abren con ayuda de la goma de borrar. En el pecho, el costado y los hombros.

Apuntes de figura

SENCILLEZ DE LAS FORMAS

No existe forma compleja que no se pueda reducir a otra más simple. Del mismo modo, para lograr una forma compleja como, por ejemplo, una pose arriesgada de rodillas o sentada como la que se propone a continuación, se puede partir de una forma tan simple y elemental como un triángulo rectángulo. Esta constante se viene repitiendo a lo largo de todos los temas de este libro, porque el dibujo, en definitiva, no tiene mayor complejidad si se desarrolla a partir de las formas elementales, tal como propuso Cézanne.

En el dibujo, uno de los temas más difíciles que requieren mayor dedicación por parte del aficionado es el que hace referencia a la toma de apuntes de figura. El estudio de la figura a través del apunte es un constante goteo en el aprendizaje y perfeccionamiento del artista. Los apuntes son notas rápidas que se realizan en el mínimo tiempo posible; con este continuo ejercicio, la mano adquiere seguridad, al tiempo que se adquieren soluciones para todo tipo de recursos anatómicos.

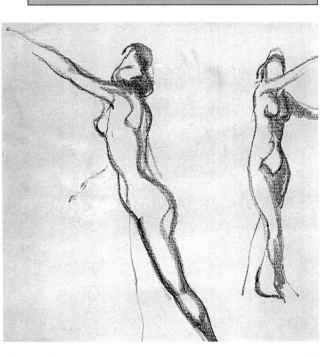

▶ A partir del esquema inicial de las formas, no será demasiado complejo construir la figura teniendo en cuenta sus proporciones fundamentales. La utilización de un medio de dibujo como el carboncillo, o como en este caso de la sanguina, facilita mucho el trabajo, ya que, al poder utilizarse plana y transversal al trazo, permite solucionar con gran sencillez los planos de sombra, recortando de paso los términos de luz.

▼ Estos apuntes están realizados con grafito; intente encajarlos a partir de formas elementales. En primer lugar se tiene que realizar la forma externa, y a partir de ésta lograr las formas internas de la figura.

DE LA MANCHA A LA FORMA

Para entrenarse en el trazo es aconsejable realizar antes de cada sesión, una serie de apuntes muy rápidos y sin mayor pretensión que la de utilizar el gesto. En este tipo de trabajos preliminares, debe intentarse situar únicamente las líneas principales con una cantidad mínima de trazos, sin que importe que el dibujo quede inacabado. En el apunte rápido el aspecto acabado carece de importancia; éste es precisamente el motivo de que muchos apuntes rápidos apenas consistan en algo más que en una mancha. Muchas de las partes del cuerpo no tienen ni tan sólo que estar esbozadas.

Como indica el mismo término, un apunte debe sólo representar lo esencial, aquellos elementos básicos que conforman la figura. Por ello un apunte exige gran capacidad de síntesis. Todo lo que suena a detalle, retoque, acabado se contradice con lo que debe ser un apunte.

▼ **1.** *En este encaje inmediato, con la barra de carbón prensado plana entre los dedos, se encajan de manera muy sintética las formas principales de la figura, alternando el trazo plano y transversal con el de punta para completar la forma, sólo hasta el límite de lo comprensible. Cuantas menos líneas o manchas se planteen, menos se tendrán que corregir.*

▼ **2.** *Esbozada la figura, no todo el dibujo se debe realizar con la misma intensidad de trazo. Unas zonas se plantean como una dura incisión con la barra sobre el papel; esto permite reforzar una línea principal. En otras partes de la anatomía el trazo llega a desaparecer; la forma se insinúa por su línea opuesta. Este recurso permite dibujar partes anatómicas inexistentes.*

▼ **3.** *A veces, una zona que puede exigir mayor dedicación en su solución, se deja sin dibujar pero queda perfectamente insinuada por los trazos más fuertes y decididos. Como se puede apreciar en este apunte, el interés es únicamente constructivo; no importan los detalles, tan sólo las manchas y el estudio inmediato de la pose.*

APUNTES CON SANGUINA

Una de las maneras más atractivas de iniciarse en el dibujo de la figura, es mediante la mancha plana que produce cualquiera de los procedimientos secos en barra, como por ejemplo el carboncillo o la sanguina. Una vez se han realizado unos pocos apuntes muy rápidos y gestuales, se comienzan a plantear las primeras poses erguidas; esto se realiza de este modo porque hay unas poses más complejas que otras. La figura de pie es más sencilla de entender y esbozar que la figura recostada.

Los apuntes más fáciles de realizar son aquellos en los que no existe límite de tiempo; en estos dibujos es fácil corregir los errores, aunque es recomendable no utilizar la goma de borrar y realizar la corrección sobre la línea mal situada; de esta forma se adquiere conciencia de los puntos de referencia que no deben utilizarse. En las propuestas de esta página sería conveniente fijar un tiempo límite para su realización, evitando también el uso de la goma de borrar. En los apuntes de figura se deben considerar las siguientes cuestiones: la proporción entre la cabeza y el cuerpo, la forma de la columna vertebral, la inclinación de los hombros con respecto a la cadera, y la posición de las piernas y su apoyo en el suelo.

▶ Una correcta utilización de la barra plana permite resolver en pocos instantes formas relativamente complejas. La barra de punta facilita el perfil de las últimas líneas que acaban de definir la figura. Es importante en el apunte de figura dar tanta importancia a la zona oscura, como a las partes que tienen que albergar blancos intensos.

▼ En la realización de este apunte se ha tenido en cuenta la línea que describe la columna vertebral; a partir de esta curva se ha podido construir el resto. La mancha con la barra plana ayuda a plantear los oscuros del cuerpo. Los detalles de las manos o del rostro se dejan únicamente esbozados.

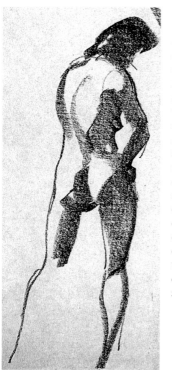

▶ *Los apuntes de modelo tienen que ser realizados de manera que la técnica de dibujo no entorpezca el dinamismo del trabajo; se tiene que prescindir del recurso de la valoración de tonos o del modelado. Una de las mejores formas de iniciar el dibujo rápido que supone el apunte es a partir de un trazo limpio y fino, que defina la forma más iluminada de la figura, y de un trazo grueso, realizado con el grafito o con el carboncillo plano sobre el papel que sirva para trazar de una sola pasada toda la forma de la sombra de la figura.*

CÓMO VER EL MODELO

Tanto si se realizan apuntes estáticos como en movimiento, es interesante hacerlo desde varios puntos de vista y rodear la figura a medida que se concluyen apuntes sobre ésta. Cada punto de vista ofrece una opción de pose diferente: una misma pose varía completamente si se cambia su ángulo de visión. Como estos ejercicios se realizan a partir de las imágenes estáticas que se proponen en el libro, será interesante repetir rápidamente los dibujos que se muestran a continuación.

▼ *La figura que no se encuentra erguida presenta una serie de problemas de cierta complejidad, sobre todo en la posición de las piernas y en las zonas dónde quedan ocultas partes del cuerpo; se tiene que observar de dónde parte cada una de las líneas que se dibujan, dónde se encuentran sus puntos de articulación y cómo descansan éstos sobre la estructura del cuerpo.*

La figura sentada encierra otro tipo de complicaciones que la erguida; las articulaciones y los miembros de su cuerpo no se muestran como una extensión del mismo, sino que se observan como planos diferentes que hay que conectar entre sí a través del trazo o de la sombra. Preste atención a la forma de las articulaciones y a la existencia de las partes ocultas, ya que éstas deben tenerse en cuenta para saber de dónde parte cada miembro. La pierna izquierda no se ve, pero gracias a la posición de la derecha se intuye perfectamente. ▼

paso a paso
Apuntes de modelo

El apunte se logra de manera casi espontánea, por lo que resulta bastante complejo extenderlo a través de una sesión larga; por tal motivo, en el presente ejercicio se proponen dos dibujos de pose, una de pie y otra tumbada sobre el suelo, cuya realización se tiene que solucionar en pocos trazos. Como se dispone de las referencias fotográficas correspondientes, esta propuesta será similar a la de una sesión de pose de modelo. Como consejo previo al ejercicio, observe en primer lugar cómo se reparten los pesos de la figura así como las líneas principales de ésta.

MATERIAL NECESARIO
Papel de dibujo (1), portaminas con mina de grafito (2) y goma de borrar (3).

1. *Se inicia el esquema de manera muy rápida, comenzando por la cabeza y la línea de la espalda. Si es necesario, se puede esquematizar la forma de la modelo dentro de un triángulo donde la cabeza coincide con el ángulo superior y los pies con los dos de la base. Los hombros determinan la pose del cuerpo; la línea de éstos es ligeramente inclinada con lo que la espalda se presenta en una suave torsión. Por este motivo la curva de los hombros no resulta simétrica; en el derecho la curva se presenta más cerrada que en el izquierdo. Las articulaciones de los codos no están dibujadas; se insinúan con el dibujo del antebrazo y el brazo.*

3. *Para finalizar, se dibujan los oscuros de las piernas al igual que antes se trazó la zona superior del tronco. En el gemelo derecho el punto de máxima luminosidad se deja en reserva, al igual que en los glúteos; los oscuros que los rodean hacen que éstos parezcan aún más luminosos. Sólo queda hacer más seguros los principales trazos de la figura, sin detallar las formas que carecen de importancia como los dedos.*

2. *Las sombras sólo se plantean cuando el esquema inicial se encuentra perfectamente situado. La presencia de los oscuros en el apunte rápido solamente tiene una finalidad: separar en la anatomía los planos de luz de los de sombra. Se dibujan los principales oscuros de la figura para poner de manifiesto sus partes más luminosas. Este trabajo de oscuros se soluciona muy rápidamente con el canto de la barra de grafito, o bien extrayendo un trozo pequeño del portaminas y dibujando con su superficie plana. El detalle de la mancha en la solución de los oscuros depende únicamente del tamaño del dibujo.*

El esquema se plantea con líneas limpias y seguido, estudiando la situación de los hombros, de la columna vertebral y de la cadera.

El trabajo de oscuros se soluciona muy rápidamente con el canto de la barra de grafito.

Este otro apunte se basa en la pose de una figura estirada. De la misma manera que la pose anterior se podía esquematizar dentro de un triángulo, ésta también se podría representar perfectamente dentro de otro.

Intente partir de un esquema muy sintético antes de comenzar a dibujar, verá cómo de esta manera la situación de la figura y sus formas se hace mucho más sencilla y evidente.

1. El dibujo se inicia por la cabeza, a partir de la cual se plantea la línea de los hombros. En la modelo la pose muestra con bastante claridad la forma y la curvatura de la columna vertebral. En este apunte resulta más sencillo que en el anterior esquematizar todo el plano de la espalda, ya que no existen impedimentos visuales que se interpongan. Se puede apreciar cómo la línea de la cadera está inclinada hacia la derecha en un ángulo muy cerrado; esto indica el apoyo en el suelo. La pierna derecha muestra el gemelo encogido, por lo que su dibujo es mucho más corto que el de la pierna estirada.

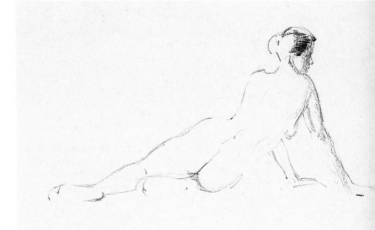

2. *El esquema de la pose se ha solucionado de manera casi inmediata. No se preocupe si tiene que realizar correcciones, ya que, para obtener un buen apunte al primer intento, se requiere bastante práctica cosa que sólo se logrará dibujando mucho. En esta fase del apunte están perfectamente definidas todas las cuestiones anatómicas más complejas. Sobre el dibujo limpio de cualquier línea accesoria, se trazan los contrastes con los que se insinúan los volúmenes del cuerpo. Para solucionar la flexión de la pierna se tiene que trazar un oscuro en la zona posterior del muslo izquierdo. Con un trazado rápido, se oscurece el costado derecho de la figura. En los brazos, las zonas de luz apenas están marcadas*

La figura se puede encajar dentro de un esquema triangular perfectamente definido.

Los oscuros se plantean con un trazo grueso y uniforme, sin valoración de tonos; sólo se pretende separar la zona de luz de la de sombra y poner de manifiesto las partes que se insinúan con dichos oscuros.

3. *Para dibujar el volumen complejo de las piernas, se efectúa un fuerte contraste que separa perfectamente la base de la nalga derecha y el pie. Con este fuerte oscuro, el efecto de profundidad está completamente logrado. Cuando los oscuros son demasiado densos, tienden a descompensar zonas en las que existen tonos medios; así, se oscurece también el brazo izquierdo, donde la muñeca y la mano quedan apenas insinuadas por la luz.*

El rostro

ESTUDIO DE LA FORMA DE LA CARA

El dibujo debe ser siempre progresivo y partir de formas lo suficientemente elementales como para evolucionar de manera firme y segura; el estudio del rostro no debe escapar a estos requisitos para un correcto estudio. Todo el conjunto de elementos que componen el rostro se tiene que situar dentro de la estructura de las líneas elementales del rostro.

La cara es, sin duda, una las partes del cuerpo humano que más llaman la atención; por este motivo en el dibujo del rostro se debe poner un especial énfasis. Los rasgos y proporciones se tienen que ceñir a una serie de normas perfectamente definidas, aunque después, en la práctica, dichas normas y medidas van a variar completamente según la persona.

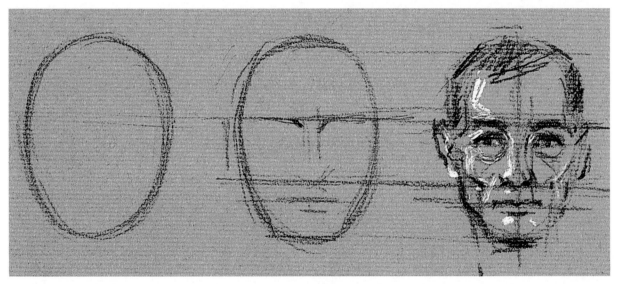

▼1. De frente, la forma del rostro se encaja dentro de un óvalo, cuya forma puede variar de un individuo a otro. Estos ejemplos no pretenden plasmar un canon determinado, sino únicamente proporcionar una guía adaptable a los muchos tipos de caras y proporciones.

▼2. La amplitud del óvalo donde se va a encajar el rostro se divide en tres partes de similar tamaño, si bien la que corresponde a la zona superior puede ser algo más ancha que las dos inferiores. En esta área se va a encajar parte de la zona visible superior de la cabeza. La región intermedia es la que ocupan los ojos y la nariz. La zona inferior se deja para la boca.

▼3. En esta imagen se muestra la proporción que pueden tener los rasgos entre sí. La línea vertical que divide en dos el rostro permite establecer un eje de simetría para situar los rasgos de manera proporcionada; claro que esto sólo se cumplirá cuando se dibuje un rostro de frente. Realice este esquema sobre fotografías; así podrá comprender mucho mejor la importancia de las líneas básicas del rostro.

LOS OJOS Y LA NARIZ

En la página anterior se ha estudiado la configuración principal del rostro. A partir de ahora se tendrá que estudiar cada una de sus partes para lograr una correcta representación de los rasgos. El buen dominio de los rasgos de la cara permitirá realizar un perfecto retrato de frente y de perfil. En los ojos reside la expresión; en la naríz, parte del carácter.

> Del óvalo que sintetiza la forma de la cara, los ojos y la nariz ocupan la zona central. Es absurdo empezar su dibujo sin una atenta observación previa. Cada elemento del rostro debe transmitir una sensación.

▼ 1. El ojo se encaja dentro de una forma perfectamente circular, que corresponderá a la cuenca ocular. Dentro de esta forma se desarrollan los párpados; el superior es ligeramente más almendrado que el inferior. El lacrimal se sitúa en el lado interno del ojo, junto al tabique nasal.

▼ 2. Observe cómo se soluciona la forma de los párpados gracias al encaje circular anterior. El párpado superior se dibuja con las pestañas; pero no se tiene que exagerar el dibujo de éstas, aunque en la mujer se dibujan más pobladas. La curvatura de su trazo sólo se tiene que realizar en el lado derecho, tal cual se muestra en la imagen.

▼ 3. Vista de lado, la forma del ojo también se encaja dentro de un esquema circular; desde este punto de vista, los párpados se dibujan ahora con dos líneas en un ángulo bastante cerrado.

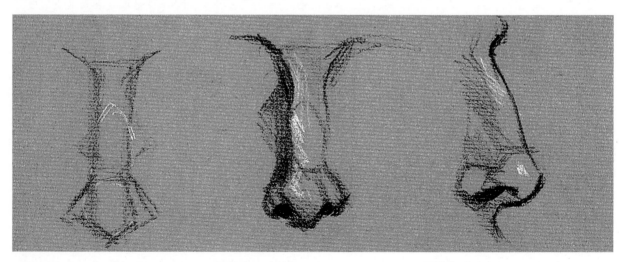

▼ 1. La nariz se puede encajar dentro de una forma rectangular alargada; en este esquema se ha resaltado el puente, donde se produce un ligero abultamiento y la punta, se dibuja como una forma circular. Si toda se encaja en dicha forma rectangular, las aletas nasales deben sobresalir de la misma.

▼ 2. A partir del esquema anterior, basta un leve oscurecimiento para dotar del volumen necesario a la nariz. Los realces en blanco ayudan, como siempre, a realzar el volumen.

▼ 3. De lado, la nariz se puede encajar dentro de un triángulo rectángulo, donde el ángulo recto viene determinado por los lados que marcan la altura y la base.

LA BOCA

A pesar de lo que puede parecer, la boca es bastante difícil de dibujar, pues los labios no se pueden representar con una simple línea recta. Es importante prestar una especial atención a las sinuosas curvas que figuran tanto en torno al eje central, como en las comisuras.

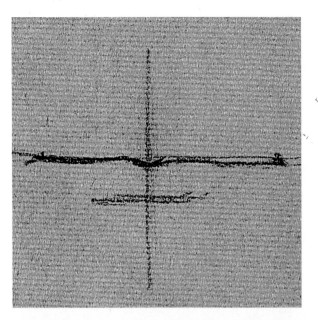

◀

1. La simetría es muy importante en todos los rasgos del rostro; para lograr una simetría perfecta, se parte del eje vertical sobre el cual una línea horizontal permite establecer el largo de la boca. Esta línea servirá de esquema inicial para configurar las principales curvas de los labios. El labio más prominente es el inferior; a partir de él se desarrolla la barbilla. Un detalle importante son las comisuras de los labios, son dos pequeñas rayas que cortan suavemente la línea de la boca.

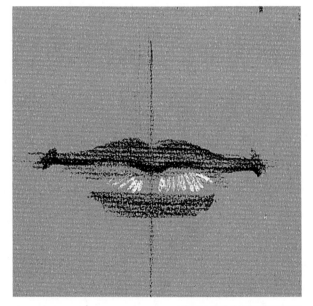

▼ *2. La pequeña ondulación central es igualmente importante para desarrollar la forma del labio superior sobre el inferior. El labio superior se construye con una curva muy suave que se dibuja simétrica en ambos lados; este labio se dibuja más oscuro que el inferior. Éste no se define con un trazo cerrado como el superior, sino que se logra a partir del oscurecimiento sobre la barbilla. Los realces blancos permiten separar los dos labios.*

Si bien el esquema básico marca el arranque del dibujo de una boca vista de frente con dos líneas que se cortan en cruz, en todo este rasgo facial no existe ni una sola línea recta.

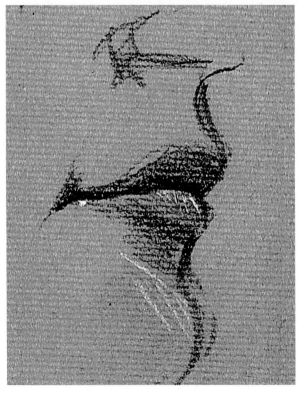

▼ *Si se presta atención a este dibujo, se puede comprobar que la boca vista de lado se esquematiza según la mitad del esquema anterior. La realización de la comisura es muy importante para conferir naturalidad y realismo al conjunto.*

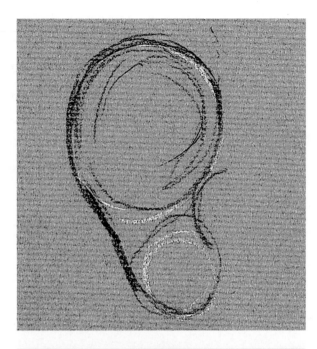

LA OREJA

Curiosamente, la oreja es una zona de la cara muy fácil de dibujar, y, sin embargo, es de las que peor se realizan. El esquema se logra con dos formas geométricas muy elementales, a partir de las cuales se puede desarrollar el conjunto. La configuración original de la oreja varía según el individuo. Unos apenas tienen el lóbulo desarrollado; otros, en cambio, tienen un lóbulo largo. Esta característica se tiene que desarrollar en el encaje inicial.

▶ 1. *Como se puede apreciar aquí, el esquema inicial se compone de dos formas circulares. La mayor permitirá desarrollar toda la zona superior de la oreja; la inferior inscrita dentro de un círculo mucho más pequeño, facilita la situación del lóbulo. Los dos círculos permiten dibujar el contorno de la oreja.*

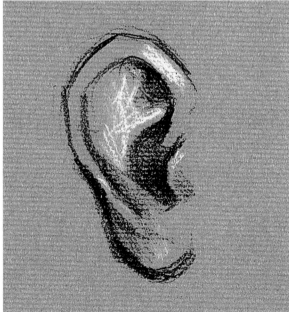

▼ 2. *A partir del esquema inicial, se acaba de construir la oreja; como se puede ver, no resulta demasiado complejo lograr la forma definitiva. Los pliegues internos se dibujan a partir de la cavidad interna y del lóbulo medio. Los oscuros se realizan apoyados con los realces blancos más luminosos.*

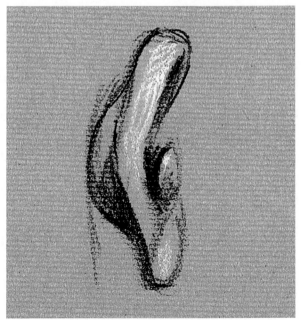

▼ *La oreja vista de tres cuartos no es compleja, aunque conviene practicar con ella en distintas posiciones para conseguir dominar los cambios de planos en el movimiento de la cabeza. Como se puede comprobar, la cavidad interna de la oreja vista desde la parte posterior, adquiere forma esférica.*

paso a paso
Retrato con sanguina

El estudio del rostro permite la correcta realización de un retrato. Un tema, sin duda, complejo. Saber representar los rasgos de la cara es una cosa y lograr el parecido es otra. De nada sirve saber dibujar, si estos rasgos no se encuentran bien estructurados dentro del esquema del rostro que se representa. Como se ha visto en la lección, las muestras que se han estudiado no son iguales para todos los rostros. En este modelo se puede apreciar que su estructura no es ovalada, sino que, gracias a la barba, adquiere una apariencia rectangular.

MATERIAL NECESARIO

Barra de sanguina (1), barra de creta blanca (2), lápiz de sanguina (3), lápiz de sepia (4), goma de borrar (5), papel de color crema (6) y espray fijador (7).

1. *Se inicia el dibujo con el lápiz sepia; a pesar de que es un tono muy oscuro, permite un trazo lo suficientemente suave y fino como para poder construir un encaje muy esquemático de las líneas principales.El desarrollo consiste en una forma rectangular, en la cual se establece un eje de simetría. Esta estructura se divide en tres partes, la superior de las cuales es algo más amplia que las otras dos. Las líneas de división coinciden con la altura de los ojos y la boca. Sobre la línea de la boca se marca la base de la nariz. Sobre este esquema tan elemental, se sitúan los principales rasgos.*

125

2. Una vez que se han planteado las principales líneas del rostro, se dibujan los rasgos de la cara con sanguina. Esta vez se utiliza el lápiz de sanguina para dibujar los principales contrastes de la cara. Se empieza por el cabello que acaba de enmarcar la forma del cráneo. Sobre el dibujo previamente esbozado, se puede comenzar a plantear cada uno de los contrastes principales con este tono que proporciona la sanguina y que ayuda a aproximar la forma de los rasgos de manera progresiva, permitiendo las correcciones que resulten necesarias.
Con la creta blanca se logran los primeros realces en los puntos más luminosos de la frente y el entrecejo.

3. La progresión de los contrastes del rostro debe ser realizada poco a poco, buscando en el proceso una valoración de los planos según la iluminación que llega a cada uno de ellos. En cualquier retrato, lo primordial es la situación de los rasgos y la búsqueda de la expresión del rostro a partir de sus proporciones. Se desarrolla en primer lugar la zona correspondiente a los ojos. El arco que dibuja el párpado superior es más curvado que el inferior. El realce de la nariz permite dar forma al tabique nasal y a la punta. Con la yema de los dedos se emborronan los tonos y se busca el volumen del rostro.

4. Una vez que los rasgos son definitivos, lo más importante es desarrollarlos a partir de los contrastes que proporcionan los medios que se están utilizando en este ejercicio. El lápiz sepia permite aumentar las tonalidades más contrastadas del rostro, mientras que el color del papel, unido a los tonos más luminosos de color sanguina y a los realces blancos, sirve para situar los tonos de realce en la frente, la nariz y los pómulos.

5. Con la yema de los dedos se funden algunos de los oscuros de la cara y con sepia se añaden nuevos contrastes sobre las sombras del rostro. Los oscuros de la barba añaden gran expresividad al rostro. Al dibujar dichos oscuros, se tiene que hacer con dependencia de la iluminación del modelo; aquí se puede observar que el foco de mayor luminosidad proviene de la derecha, por lo que las sombras se acumulan en el lado izquierdo del cuadro. Con la barra de creta blanca se dibujan los realces de luz sobre el labio inferior. Se oscurece notablemente la chaqueta en su lado de sombra y la camisa se cubre completamente de blanco, dejando el lado de sombra emborronado con el color sanguina.

Si después de lograr un buen dibujo inicial, no se quiere perder aunque se produzcan borrados y correcciones, se tendrá que fijar antes de proseguir el trabajo. Pero tenga presente que, después del fijado, los errores que el dibujo podría tener tampoco se podrán borrar.

6. Es importante llevar a cabo la aplicación de contrastes de manera progresiva, para que no se produzcan efectos de volumen falsos. Del mismo modo es igualmente importante valorar los brillos de acuerdo con los contrastes que se aportan. El trabajo sobre la barba se hace con líneas alargadas y sueltas, con las cuales se logra la textura del pelo. Los brillos excesivamente luminosos, como los del labio inferior, se difuminan con los dedos y se funden sobre el color de fondo del papel.

Cuidado al emborronar sobre zonas donde se ha realizado un realce; el blanco se puede convertir en un sucio color gris.

7. *Solamente falta difuminar alguna de las zonas que pueden haber quedado demasiado contrastadas por el trazo de color sepia, y rehacer aquellas otras, que con el trabajo de borrado y difuminado pueden haberse desdibujado. Los últimos realces con la creta blanca se aplican alternando el fundido con los otros tonos mediante el impacto directo.*

ESQUEMA-RESUMEN

La estructura del rostro se debe encajar en un formato muy simple y lineal para estudiar las proporciones y medidas.

La nariz parte de un encaje rectangular y simétrico al cual se le añaden después la forma de las fosas nasales.

Los ojos se construyen dentro del esquema circular de sus órbitas; el arco superior es más curvo que el inferior.

Los realces blancos permiten poner de manifiesto los brillos de cada una de las partes del rostro.

Paisaje

ESTRUCTURA FUNDAMENTAL DEL PAISAJE DE MONTAÑA

El paisaje de montaña es atractivo y poco complejo, sobre todo cuando se plantea dicho tema como si se tratara de diferentes planos superpuestos. Con un poco de práctica se podrán realizar bellos paisajes con cualquiera de las técnicas de dibujo conocidas. Para realizar este paisaje se va a utilizar la aguada y el pincel. Sólo hace falta un color de acuarela, un vaso de agua y pincel; éste es uno de los procedimientos más clásicos de dibujo que existen.

El paisaje es uno de los temas preferidos por muchos aficionados; por un lado permite un amplio margen creativo, por otro no se encuentra tan sujeto a la rigidez de medidas y proporciones de la figura, como el bodegón o el retrato. La representación del paisaje a partir del dibujo permite una gran variedad de opciones con el límite fijado en la capacidad creativa de quien lo realice. A lo largo de este tema se van a tratar cuestiones muy generales referentes al paisaje.

▶ *1. El esbozo inicial servirá para poder situar perfectamente los diferentes planos del paisaje. Este ejemplo se va a desarrollar con aguada, o, lo que es lo mismo, con acuarela de un solo color. Como se podrá comprobar, no es difícil de realizar, ya que la técnica es la misma que la de cualquier otro procedimiento de dibujo, aunque en este caso se hace con pincel y acuarela.*

▶ *2. Sobre el esquema inicial se pinta el cielo con un tono oscuro, dejando la forma de las nubes en blanco. En el terreno se dibuja del mismo modo; las zonas luminosas se dejan sin pintar. Esto es lo que se llama reserva. Los diferentes planos del paisaje quedan separados por zonas en reserva.*

3. Una vez se han pintado las zonas del paisaje y se han dejado en reserva los principales tonos luminosos, se pintan los oscuros que dibujan los árboles. Para que el tono oscuro no se mezcle con el más claro, éste tiene que estar completamente seco.

EL PAISAJE URBANO

Para muchos dibujantes, el tema del paisaje encuentra un especial aliciente cuando se desarrolla en la ciudad. Aunque no se desenvuelva en la naturaleza, éste no deja de ser un tema atractivo y lleno de interés por la complejidad de los edificios y, por qué no, por la posibilidad de desarrollar pequeñas vistas llenas de interés artístico. El dibujante selecciona qué zonas del paisaje quiere representar; a partir de dicha selección pone de manifiesto su sensibilidad y proyecta sobre el papel la visión que tiene de la ciudad.

▶ *Se puede utilizar la perspectiva o bien prescindir de ella, para plantear un paisaje urbano basado en planos de situación como este ejemplo. No obstante, es importante tener en cuenta algunas nociones de perspectiva, como, por ejemplo, la dirección que toman las paredes de sombra de los edificios.*

▶ *El paisaje urbano también puede encontrar temas de gran atractivo en rincones como éste. Aquí la importancia recae en la diferencia de contrastes entre el primer plano, sumamente detallado por los oscuros de la vegetación y la estructura de obra, y el plano del fondo. Gracias a esta diferencia de tonos se puede desarrollar un acentuado contraluz.*

Esta vista prescinde completamente de la perspectiva y presenta los edificios del pueblo completamente frontales; aquí el trabajo principal se desarrolla en los múltiples detalles de las ventanas y en los contrastes de los tejados.

1. *Las nubes tienen que encajarse antes de comenzar a ser planteadas con tonos medios. Para poner en relieve el blanco de las mismas, se oscurece todo el cielo, excepto la zona destinada a las nubes. Si es necesario, se puede reforzar el blanco con ayuda de la goma de borrar para perfilar la forma. En el interior de las nubes se dibujan los tonos que les dan volumen y se difumina con los dedos el contorno de dichos oscuros. Según el medio utilizado, este difuminado se logrará de una manera más fácil; lo más aconsejable es dibujarlas con carboncillo, con grafito o con sanguina.*

NUBES

L as nubes son elementos del paisaje presentes en cualquiera de los temas que le afectan. No es necesario estar en el campo para observar un fabuloso cielo nublado; basta mirar por la ventana para apreciar todo tipo de cielos, según el clima y la hora del día. Los recursos para dibujar nubes pueden ser muchos y variados. Aquí se muestra un sencillo ejemplo que se puede tomar como punto de partida para desarrollar todo tipo de paisajes. Además, las nubes por sí mismas pueden construir un tema de paisaje de lo más gratificante.

2. *Con la ayuda de la goma de borrar se abren los blancos más luminosos de las nubes. Estos blancos se trabajan mediante el trazo, pues la goma permite dibujar sobre superficies que se han emborronado previamente. Los blancos corresponden a los brillos más luminosos de las nubes. Este efecto se tiene que compensar con la presencia de los oscuros.*

El dibujo de nubes, aunque resulte sencillo, siempre es más impactante cuando se desarrolla a partir de un modelo real o de fotografía. Ya que si uno las inventa, pueden carecer de los contrastes y el punto de vista que proporciona la realidad.

3. *Con una buena combinación del dibujo realizado con la goma de borrar y los grises emborronados con los dedos, es fácil conseguir unas nubes como éstas.*

▶ **1.** *Este ejercicio representa un paisaje fluvial, en el que la superficie del agua está tranquila y permite que la ribera se refleje perfectamente. El agua actúa como un espejo, reflejando los objetos que hay en la superficie. Se tiene que dejar el suficiente espacio para poder dibujar el agua. Primero se dibuja la orilla; sobre ésta, los árboles, y, por último, los reflejos ligeramente distorsionados de la orilla y los árboles.*

AGUA

Otro de los motivos que por sí solo puede desarrollar un tema de paisaje independiente es la representación del agua en cualquiera de sus posibilidades. Muchos dibujantes son reticentes al dibujo del agua porque consideran que es una faceta de gran complejidad. En este sencillo ejercicio se demostrará que es mucho más sencillo de lo que se creía en un principio. Los recursos que se desarrollan en este tema se pueden aplicar a cualquier otro en el que se requiera la presencia del agua.

> El agua se puede presentar en muchas formas, según el estado de su superficie, que viene determinado en gran media por la velocidad de la corriente, del viento y del color del cielo.

▶ **2.** *Cuanto más tranquila esté la superficie del agua, más evidentes y claros serán los reflejos sobre ella. Estos reflejos siempre son más contrastados que las imágenes originales y se tienen que dibujar sin la precisión de la imagen que se refleja. Las ondas del agua se realizan con trazos horizontales, que decrecen en intensidad conforme la imagen se aleja de la orilla.*

◀

3. *Observe cómo se alternan en la superficie del agua los oscuros y los claros para poner de manifiesto las tonalidades de la superficie. Los reflejos más oscuros de los árboles se dibujan con trazos cortos que se intercalan entre los trazos más claros que dibujan las ondas del agua.*

paso a paso
Rincón en el bosque

El paisaje es uno de los temas más agradecidos en el dibujo, ya que el parecido con el modelo no tiene por qué ser tan exacto como si se dibujara un retrato o una figura. Además, cualquiera de los medios de dibujo permite un desarrollo bastante afortunado del mismo.

Se ha escogido un paisaje de bosque para realizarlo con la técnica de la tinta y la caña. El trazo de este procedimiento depende de la carga de tinta que se recoja con la caña. Con una buena carga puede resultar completamente negro, aunque, a medida que el trazo se desgasta, presenta una gran variedad de grises. La mayor complejidad de este ejercicio reside en mantener los blancos intactos, ya que su corrección no resulta factible como no sea rascando con una cuchilla de afeitar.

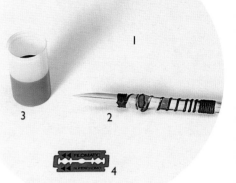

MATERIAL NECESARIO

Papel para tinta (1), caña de bambú afilada para dibujar (2), tinta china (3) y cuchilla (4).

Se puede dibujar con una caña de bambú o también con una vara afilada o con una pluma de avestruz, aunque los resultados que se conseguirán serán diferentes en cuanto a la calidad del trazo.

1. *Aunque se tengan que hacer correcciones en el dibujo, el esbozo se realiza directamente con la tinta sin que medie otro procedimiento; por este motivo las primeras líneas tienen que ser suaves y no estar demasiado cargadas de tinta. En primer lugar, se trazan los dos grandes planos del término principal. Sobre éste se esbozan los árboles en el segundo término y en el fondo rocoso. No se debe cargar demasiado la caña de tinta y para lograr la intensidad adecuada en el trazo se debe realizar una prueba en un papel idéntico al que se está utilizando para dibujar. Cada vez que la tinta se agote, se tiene que repetir de nuevo la operación.*

2. *Se inicia el dibujo por el lateral izquierdo del torrente. Los primeros trazos son largos y paralelos para ensayar el gesto con la caña. Encima de esta zona se oscurece una mancha sin cargar de tinta la caña. Con la cantidad de tinta que queda en la caña y sin cargarla de nuevo, se dibujan los primeros grises en las hierbas debajo de los árboles de la izquierda. Después de cargar de nuevo la caña, los primeros trazos marcan los oscuros de los troncos en los árboles, dejando en reserva las partes claras. Sólo después de que se gaste la tinta, se dibujan los grises.*

3. *El trabajo con la tinta continúa sobre los árboles de la izquierda, dejando siempre en reserva las partes más luminosas. A medida que se gasta la tinta de la caña, antes de cargarla de nuevo, se traza alguna de las zonas que contengan grises claros, como por ejemplo, la izquierda de la parte superior de los árboles.*

4. *Los árboles situados en el fondo a la izquierda se dibujan mucho más contrastados que los del primer término. Los troncos se dibujan completamente negros; de esta manera se establecen planos de separación entre los términos del paisaje, del mismo modo que se vio en el primer punto de la lección. Antes de que se gaste por completo la tinta de la caña, se dibujan las hierbas del fondo, se remarca el dibujo de las rocas del fondo y se inicia el de los contrastes sobre éstas. La vegetación del fondo a la derecha se dibuja con la caña casi sin carga de tinta.*

Para obtener tonos grises, la caña apenas debe contener tinta; se tiene que arrastrar enérgicamente sobre la zona que se quiere agrisar. El resultado es un trazo que recuerda al de algunos medios de dibujo seco, como el carboncillo o el lápiz.

5. *Para lograr los grises tan suaves del fondo se utiliza la caña casi descargada, aunque se tiene que frotar con insistencia sobre cada una de las zonas que se quieren agrisar. Cada vez que se agota la tinta de la caña, una vez que se moja de nuevo, se dibujan algunas zonas que requieran mayor contraste que el fondo o las que requieran un trazo limpio. En el arbusto de la derecha sobre la zona rocosa se manchan los oscuros y, cuando el trazo se ha desgastado, se inicia de nuevo el agrisado del fondo. En el primer término, sobre las rocas, se dibuja con trazos largos.*

Para corregir cualquier error con la tinta, se tiene que esperar al completo secado de ésta y rascar con la cuchilla de afeitar, con cuidado de no rajar el papel.

6. *Sobre el primer término se realizan numerosas líneas cruzadas, sin cerrar completamente la trama pero en la cantidad suficiente como para generar una buena textura de la hierba. Al dibujar todo este plano, se aprecia un acentuado contraste con respecto al término medio, en el cual se han dejado numerosas zonas blancas que funcionan como brillos puros.*

7. *Se acaban de dibujar los árboles del fondo, que son más oscuros en la parte superior del tronco por efecto de la sombra. También se dibujan los oscuros más contrastados de la vegetación. Una vez gastada la tinta de la caña, sobre el fondo se dibujan los grises más claros.*

Se dibuja un rico abanico de grises, que varían en intensidad al superponerse a los anteriores. Así se puede dar por finalizado este paisaje a caña en el que se pueden apreciar numerosas similitudes con el resto de los procedimientos secos de dibujo.

ESQUEMA-RESUMEN

El dibujo inicial se realiza directamente con tinta, encajando únicamente el contorno de los árboles y los planos de situación de cada zona.

Sobre los árboles de la izquierda se pintan los primeros contrastes, dejando en blanco las zonas más luminosas.

La primera prueba de trazos se dibuja en el primer término.

En las rocas de la derecha se dibuja con un trazo contrastado en el que se incorporan gotas de tinta que se extienden con dicho arrastre.

Los grises del primer término se logran cuando ya se ha agotado la tinta de la caña, mediante el arrastre de la punta casi seca.

16 Elementos del paisaje

LA TEXTURA DEL TRONCO

Puede ocurrir que se requiera representar un tronco de árbol situado en un primer término. Este importante elemento compositivo del paisaje puede no resultar tan evidente como el que se muestra en el desarrollo del presente ejercicio. La interpretación de la realizada aquí será uno de los principales puntos a tener en cuenta en el dibujo, pues muchas partes se tienen que desarrollar de manera que se insinúen otras.

En el tema anterior se ha podido estudiar cómo los diversos aspectos se pueden desarrollar en el paisaje; de hecho sus elementos principales varían según el interés del artista. Se puede representar un paisaje en el cual no exista un protagonismo de ningún elemento concreto, como, por ejemplo, una gran extensión de terreno; o bien, dibujar un paisaje donde se tenga que desarrollar algún objeto en primer término o en una proximidad tal que se observe claramente su textura.

▼ 1. El ejercicio se realiza con grafito. El encaje siempre será importante, ya que es a partir de éste cuando se podrá desarrollar el tema elegido. Este tronco se resuelve con un dibujo muy simple; basta un trazo para desarrollar toda su forma.

▼ 2. Los oscuros fuertes o intensos, como por ejemplo en la rama, se dibujan definitivamente con el máximo grado de oscuridad que permita el medio. Sobre el tronco se trazan los oscuros, que se difuminan con la ayuda del dedo en un degradado que se funde sobre la zona más iluminada.

▼ 3. Sobre la base tonal anterior, se inicia el trabajo de textura del tronco. Con pequeños trazos que siguen el plano cilíndrico se va estructurando la corteza. Es importante dejar las zonas luminosas en la sombra como evidencia del volumen de dicha zona. A medida que se desarrolla la corteza en su zona de luz, el trazo es también más suave y definido.

DESARROLLO DE LOS ÁRBOLES

En el ejerciciodel tema anterior se ha podido estudiar como el dibujo con caña y tinta permite una elaboración muy peculiar del dibujo, siempre cercana a la que se logra con cualquiera de los medios secos más habituales. En el desarrollo de elementos del paisaje como los árboles, la combinación de zonas acabadas con otras apenas insinuadas es un recurso muy utilizado en este tema, con el que se confiere al dibujo un acabado fresco y gestual. Esta misma técnica se puede desarrollar con carboncillo, grafito o sanguina.

▶ 1. *Como se ha estudiado, el dibujo con tinta se puede realizar directamente, sin que medie el lápiz; aunque si se desea, se puede utilizar para esbozar las formas del árbol, aunque no es necesario. En este dibujo, el encaje se traza con una línea desgastada; sólo interesa esbozar la forma de la copa y del tronco. Una vez encajado el árbol al completo, se realiza un trazo decidido y contrastado en el lado derecho del tronco. Con este trazo, la tinta en la caña se ha gastado casi por completo; de esta forma se puede comenzar a dibujar la textura de la copa con un trazo rápido y seguido.*

2 y 3. El trabajo de máximo contraste se centra únicamente en uno de los lados del árbol, sin que resulte evidente la separación entre las dos mitades. El tratamiento del trazo se realiza según la textura que se pretenda lograr. El trazo gastado permite dibujar la textura agrisada del tronco; el trazo más limpio facilita los oscuros más densos. Con el trazo bien cargado se logran manchas que insinúan las sombras, entendidas como fuertes zonas negras.

◄

1. *Como siempre, el planteamiento inicial del dibujo tiene una importancia crucial en el desarrollo del paisaje. Se tiene que definir completamente cada una de las zonas que se van a desarrollar para saber el alcance gráfico de cada una de ellas. En este ejercicio se dibuja en primer lugar la línea del horizonte y la zona de montañas del fondo. En el primer término se esboza la forma de las piedras y con un suave trazado se apunta la forma de las hierbas. El primer oscuro se dibuja en la piedra de la derecha; de este modo se marca su zona de sombra y queda reservada la zona iluminada.*

DIBUJO DE TEXTURAS

Las texturas más simples como las hierbas o las rocas suelen suponer serios problemas para el dibujante novel, sencillamente porque no asimila la simplicidad de las texturas demasiado extensas. Las hierbas no son únicamente trazos; se componen de zonas de luz y zonas de sombra que afectan a su estructura en el dibujo. Las rocas que pueda haber en el paisaje no tienen por qué ser complejas de resolver, basta un sencillo oscurecimiento para insinuar la textura de una piedra.

◄

2. *Para establecer los tonos de referencia del paisaje, se traza un suave oscuro en todo el fondo sobre las montañas. Se comienza a dibujar el contraste de las piedras del primer término con un trabajo de trazos cruzados, obsérvese como se insinúa la textura de la piedra con una grieta sobre la zona iluminada. Las hierbas se inician con el oscurecimiento de su zona de sombra; en principio este trazado define la textura de una forma general.*

◄

3. *Las rocas del primer término se concluyen con un trabajo puntual de los oscuros, donde no interesa que el trazo resulte muy evidente; para ello se pasa el grafito de forma continua pero suave. Las matas de hierbas se logran combinando los oscuros de las sombras con zonas perfectamente iluminadas que indican la forma de los matojos.*

▶ **1.** *En este ejercicio interesa únicamente la textura de las rocas del primer término; pero para obtener un contexto en el cual se comprendan mejor, se va a dibujar también su entorno. El horizonte se dibuja alto, por lo que queda un buen espacio en el primer término donde desarrollar las rocas. El primer encaje se realiza a lápiz; este trazado es muy rápido, sólo se pretenden situar los planos del dibujo. Sobre el esbozo se dibuja con la barra de carboncillo plana. Interesa únicamente plantear los oscuros de las montañas y las rocas en el primer término.*

ROCAS DE ACANTILADO

En el ejercicio anterior se ha podido estudiar cómo se resuelve una roca entre hierbas. Las rocas de un acantilado son mucho más oscuras y presentan una textura mucho más abrasiva. En este ejercicio se va a demostrar cómo se pueden aprovechar algunos medios de dibujo como el carbón y el carbón prensado, para que, con un trabajo muy simple, se pueda plantear toda la textura que requieren estos elementos del paisaje.

▶ **2.** *Se emborrona el carboncillo con la yema de los dedos; este tono es perfecto como base de la textura de las rocas. Con la barra de carbón prensado plana entre los dedos, se dibuja de nuevo sobre las rocas del primer término. También se puede utilizar la barra de punta, sin presionar demasiado, ya que lo que interesa es conseguir la textura a partir del grano del papel y del arrastre del carboncillo.*

▶ **3.** *Las partes más iluminadas no llegan a ser blancas. En dichas zonas, el arrastre de la barra de carbón prensado es muy importante ya que muestra la textura de la roca. El carbón prensado permite un tono de gran intensidad con el que se dibujan las zonas de sombra más densa. Para lograr este resultado, es imprescindible considerar el grano del papel y el arrastre del medio como elementos fundamentales del dibujo.*

Paisaje con rocas

Los elementos del paisaje en pocas ocasiones se dibujan aislados del contexto que los rodea, aunque a menudo se puede presentar la ocasión de dibujarlos con su textura. La textura de los elementos del paisaje varía según la distancia a que se encuentren del espectador; cuanto más alejado se encuentre el objeto, su textura será también más uniforme. El tono de la textura es también una cuestión a tener en cuenta; por ejemplo, si se observa este modelo, los árboles se aprecian mucho más oscuros y existe una mayor variedad de contrastes que en las rocas. El ejercicio que aquí se propone se basa en las rocas de este paisaje. El resto de los elementos no precisan tanto interés.

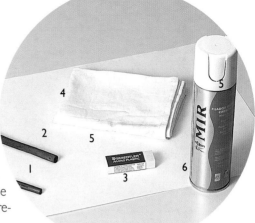

MATERIAL NECESARIO

*Carboncillo (1), carbón
prensado (2), goma de borrar (3),
trapo (4), papel de dibujo (5)
y fijador en espray (6).*

1. *En el encaje inicial se esbozan, los elementos generales, que son los que van a albergar cada una de las zonas del paisaje. Como se puede comprobar, este primer encaje es muy elemental. La estructura es casi geométrica, aunque ya se trazan algunas de las líneas sobre las que se van a dibujar los elementos del paisaje. Este primer esbozo se puede desarrollar con el carboncillo longitudinal al trazo, transversal al mismo para las primeras manchas grises.*

2. *Primero se tienen que plantear los oscuros del paisaje; concretamente los que recortan las zonas más luminosas. Los árboles situados sobre la pared rocosa permiten que este área quede aislada. La copa del pino se dibuja con el carboncillo plano, con movimientos cortos que permiten un rápido oscurecimiento de esta zona. El tronco del árbol se define gracias a los oscuros que lo rodean. Con la yema de los dedos se realiza un suave emborronamiento de los grises del carboncillo. Con el carboncillo de punta se dibujan ahora los contrastes más densos en los estratos de las rocas.*

3. *Con el carboncillo plano se agrisa rápidamente toda la zona de vegetación de la derecha del cuadro. Para unificar el tono se pasa la mano por toda esta zona. Su parte superior se culmina con pequeños toques de carboncillo, con los que se realiza la textura de la hojarasca. Sobre la pared rocosa se comienzan a dibujar las separaciones entre las rocas de manera mucho más detallada.*

Si bien es fundamental que todo trabajo sea considerado en su conjunto como unidad, importa que a la hora de realizar los distintos elementos éstos sean resueltos con buen sentido de la observación y con un atento cuidado de los detalles. En este sentido, el artista debe reservar para cada elemento aquella textura que le resulte más adecuada.

4. Ahora se utiliza el carbón prensado para dibujar de manera mucho más definitiva la separación existente entre las rocas de la pared. El estudio de la iluminación resulta fundamental para que el paisaje adquiera el realismo que precisa. Cada una de las rocas del paisaje se encuentra recortada por unos oscuros que no son otra cosa que las sombras producidas por las rocas superiores. Este detalle se puede apreciar aquí claramente en la roca triangular que se encuentra junto al árbol. Observe cómo la pared rocosa adquiere un fuerte efecto de volumen cuando se oscurece el lado izquierdo.

5. Se emborrona toda la zona correspondiente al agua y se abren los primeros brillos con la goma de borrar. Sobre el lado derecho de la pared rocosa se trazan las rocas correspondientes. E gris realizado con anterioridad pasa a ser la textura de estas rocas, mientras que las rocas centrales se muestran mucho más luminosas. Con el carbón prensado se dibujan los oscuros más densos de los árboles y de los matojos de la zona inferior; los grises que antes eran los tonos más oscuros de esta zona pasan ahora a ser las partes de sombra media.

El carbón prensado no se borra fácilmente por lo que se tiene que prever la intensidad del tono antes de dibujar los oscuros definitivos.

6. *En la arboleda de la derecha se acaban de aplicar los contrastes más densos, por lo que los tonos medios se aprecian ahora mucho más luminosos por efecto del contraste. Sobre la superficie del agua se trabaja con un intenso trazado que se superpone a los tonos grises anteriores. Se dibujan las rocas del primer término.*
Se fija el dibujo a fin de estabilizarlo, la cantidad de fijador no tiene que ser excesiva; basta una suave rociada.

> Para regular la intensidad de los trazos y evitar tener que aclarar uno demasiado oscuro, se debe empezar por los tonos grises y, conforme el proceso va avanzando, se van oscureciendo progresivamente aquellas zonas o elementos que lo requieran.

ESQUEMA-RESUMEN

El encaje es fundamental para plantear cualquier elemento del paisaje; sin un encaje previo la textura que se dibuje carecerá de estructura.

El árbol superior se dibuja con unos toques de carboncillo muy precisos. El tronco queda perfectamente definido por los oscuros que lo rodean.

Las rocas se definen a partir de los oscuros que las rodean; depende del tono de base el que la textura adquiera una calidad u otra.

Los oscuros más densos, realizados con carbón prensado en las rocas, permiten poner en realce las hierbas que se ven en la base.

Dibujo de animales

EL ESQUEMA DE LOS ANIMALES

Por complejos que sean los animales observados, cuando se eligen como modelo, hay que intentar ver en ellos sus formas elementales, su movimiento, su pose estática, en fin, todo aquello que aporte información sobre su estructura. Comprender la estructura interna de los animales ayuda a representar con mayor precisión su forma externa. Una vez que se entiende si un animal se puede desarrollar dentro de una esfera o de un cuadrado, si su espalda se regula por una determinada línea, su representación será, sin duda, mucho más sencilla.

Desde que el hombre existe, se ha visto atraído de manera irremisible por la representación de animales, por la fascinación que los demás seres de la naturaleza ejercen. Los animales se dibujan por admiración, por curiosidad o por temor; desde luego el artista nunca queda indiferente ante su presencia. Cada uno de los diferentes animales tiene una anatomía particular, muy diferente en cada especie; este motivo impide que se pueda hacer un estudio profundo de cada uno de los mismos, sin embargo a lo largo de este tema se podrán estudiar varias especies, no paso a paso sino como modelos que permitirán adentrarse en el maravilloso estudio naturalista.

▼ Si se revisan los temas anteriores, se podrá comprobar que todas las formas, por complejas que resulten, se pueden representar mucho mejor cuando parten de elementos simples como un círculo, un triángulo, un cuadrado etc. Para iniciarse en el estudio de los animales, se debe tener en cuenta que los elementos más difíciles de comprender y dibujar de la anatomía animal son las patas. Amén de esta cuestión, el resto del cuerpo tan sólo necesita una sencilla aproximación geométrica que se debe plantear antes de iniciar el dibujo definitivo, e incluso el esquema. Si se observa con atención este elefante se podrá ver que prácticamente coincide con el esquema lineal de un círculo casi perfecto.

▼ Una vez que se ha realizado el esquema geométrico que engloba las imágenes, éstas se dibujan completamente a partir de los modelos propuestos. Este sistema de representación es válido para cualquier animal por complejo que sea. A la hora de dibujar cualquier animal, una vez solucionado el esquema general que engloba toda la forma del mismo, hay que situar la cabeza de forma correcta. La línea que enmarca la columna vertebral es de gran importancia, ya que da forma a toda la zona superior del animal. Un buen ejercicio de observación es tomar la pauta de este ejemplo y reproducirlo considerando la forma de la columna vertebral. El movimiento de la línea que dibuja su columna vertebral permite presentar facetas diferentes del animal.

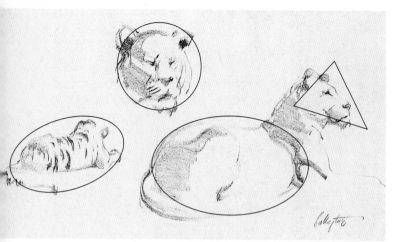

LOS GRANDES FELINOS

Los animales salvajes no son fáciles de dibujar ya que, por suerte, no hay muchas probabilidades de que se crucen al paso, sobre todo los grandes felinos. A pesar de todo, no es imposible encontrar modelos; el mejor lugar es el zoológico, aunque quien lo frecuente se habrá dado cuenta naturalmente de que a los grandes felinos les gusta descansar de día, por lo que suelen esconderse a la sombra. Una buena opción es recurrir a fotografías.

▶ En esta leona recostada se puede estudiar perfectamente la forma de su cuerpo, ya que se encuentra en reposo; como se puede ver, se podría encajar dentro de una forma completamente elíptica, mientras que la cabeza se puede desarrollar perfectamente dentro de un esquema triangular. Al lado de la figura se ha realizado un estudio de la cabeza de la leona vista desde otro punto de vista. Dibuje los modelos que se presentan sobre estas líneas, partiendo de esquemas geométricos previos. Así, la cabeza de la leona se puede esquematizar dentro de un círculo.

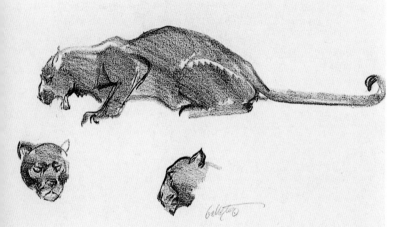

▶ El cuerpo de los felinos desarrolla una osamenta y una musculatura muy característica en todos ellos. Basta observar un gato para comprobar que es muy similar a esta pantera. Las patas delanteras levantan el cuerpo del suelo, mientras que las traseras permanecen en reposo con el lomo completamente curvado.
Al lado de la figura se han realizado dos estudios de la cabeza. Intente esquematizar las formas con elementos geométricos sencillos.

▶ La estructura de este león es muy similar a la de la leona. Se dibuja con los mismos elementos, aunque el lomo es algo más elevado y la melena lo hace parecer mucho más grande. Es importante en todos estos dibujos realizar únicamente las líneas verdaderamente imprescindibles.

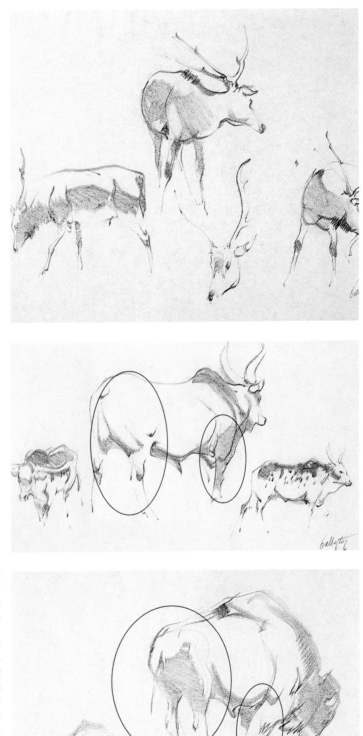

El caballo es un animal de gran belleza, que se puede contemplar en granjas, hipódromos y en diferentes ámbitos rurales. El dibujo de este espléndido animal requiere una gran atención, ya que, a diferencia de los felinos dibujados en la página anterior, el caballo siempre está de pie y no oculta sus patas, cosa que para el dibujante novel se puede convertir en un problema. Este dibujo está realizado con rotuladores; intente esquematizar y dibujar las patas de este majestuosos animal.

PATAS DE DIFERENTES ANIMALES

En estas páginas no se muestran formas demasiado complejas, sobre todo si se toma como referencia los dibujos que ilustran las explicaciones del animal cuando se encuentra recostado, como se ha visto en los felinos dibujados anteriormente; las patas se ocultan, lo cual facilita la labor del dibujante. El dibujo se complica cuando el animal se encuentra erguido. En esta página se van a estudiar algunos ejemplos de patas. Como se puede ver, cada especie tiene una anatomía particular.

Según el animal que se dibuje, la estructura de sus patas puede variar notablemente; aunque, por lo general, cada especie animal tiene características propias que varían muy poco de una familia a otra. Por ejemplo, se toman como referencia dos especies de bóvidos, el buey de la India y el bisonte. Ambos son animales aparentemente muy distintos, pero si se estudian atentamente sus patas, se pueden encontrar características comunes en ambas especies. Tanto los cuartos traseros como los delanteros son similares en una y otra; observe las articulaciones y el punto de flexión de éstas en comparación con las del caballo.

APUNTES RÁPIDOS

Sobre un mismo animal hay que realizar muchos dibujos. Al principio será difícil; cada vez que se dibuje se logrará un avance en la comprensión de la forma.

Cuando se dibujan animales en vivo hay que disponer de bastante papel, para tratar de realizar el mayor número de dibujos en el menor tiempo posible.

Para dominar el dibujo del animal hay que insistir constantemente en la forma del mismo; por este motivo se recomienda que, una vez se terminen de copiar los modelos propuestos en estas páginas, se realicen otros a partir de fotografías o mejor aún, del natural.

▶ *El dibujo de animales supone uno de los mejores ejercicios que se pueden realizar para perfeccionar el trazo y adquirir rapidez como dibujante. Dibujar correctamente los animales requiere sobre todo una gran atención. Hay que disponer de grandes dosis de paciencia. Al principio es conveniente escoger animales tranquilos que no varíen demasiado su posición. Se debe partir siempre de formas generales sencillas, como el círculo, la elipse o el cuadrado.*

▶ *La anatomía debe entenderse de forma sintética; esto implica aplicar las líneas mínimas imprescindibles para hacer un dibujo completo. Por ejemplo, si se quiere dibujar una jirafa, es posible simplificar mucho su anatomía si se explican los rasgos fundamentales con pocos trazos. Cada uno de los trazos debe definir una parte completa del animal sin más complicaciones que una línea muy sencilla. Intente reproducir los apuntes que acompañan estas líneas: los trazos son continuos y no cierran las formas sino que quedan abiertas.*

▼

En muchas ocasiones los animales se encuentran recostados y sus patas quedan completamente ocultas por el cuerpo. Éste puede ser un buen recurso para dibujantes noveles, ya que de este modo la forma del animal se puede realizar de manera mucho más sintética, sin tener que recurrir a un conocimiento anatómico demasiado complejo. Aunque no todo resulta tan fácil, incluso cuando oculta sus patas es importante observar cómo están ocultas por el cuerpo y cómo el lomo adquiere la forma de las patas agrupadas.

paso a paso
Un león

Con este ejercicio se pretende enriquecer aquellas nociones que se han desarrollado a lo largo de la lección, ya que se han mostrado ejemplos concluidos pero no el proceso que ha llevado a su realización.

Como es difícil captar un animal en movimiento, se puede recurrir a un modelo fotográfico; no obstante se aconseja la toma de apuntes del natural, ya que el esfuerzo que supone su realización agiliza notablemente la capacidad de dibujo y síntesis del artista.

Antes de comenzar a dibujar, se recomienda observar atentamente el modelo, y, si es necesario, realizar un esquema previo sobre el mismo, superponiendo una hoja de papel vegetal para estudiar las formas elementales de su cabeza, tronco y extremidades.

MATERIAL NECESARIO
Papel de dibujo (1), grafito puro (2) y goma de borrar (3).

Es muy práctico para el aficionado, disponer de un buen archivo de imágenes. Este archivo se puede realizar a partir de revistas, postales, etc.

1. *Si se ha realizado un esbozo sencillo sobre la fotografía que sirve de modelo, será mucho más fácil plantear las formas esquemáticas del león. No hay que dejarse engañar por la espesa melena al plantear el dibujo inicial, ya que es posible que este amplio volumen lleve a la confusión. La melena del león es un manto que hace que el volumen de la cabeza parezca mucho mayor. En este primer esquema se puede ver que la cabeza en realidad queda reducida el espacio visible de la cara, que a su vez se puede sintetizar dentro de una forma casi triangular.*

PASO A PASO: Un león

2. *Una vez que la estructura de líneas externas se encuentra perfectamente planteada, se pueden reafirmar los trazos fundamentales. Ahora se asegura la curvatura del lomo, la forma de las patas y se plantean los rasgos de la cara del animal. Si se observa atentamente el rostro del león entre los ojos y la nariz se podría encajar un triángulo equilátero ligeramente inclinado desde la línea de los ojos. La forma de la melena se empieza a dibujar de manera definitiva, desde el lateral de la cara hasta la zona inferior del cuello en el nacimiento de la pata avanzada.*

3. *Los contrastes se comienzan a trazar sobre el esbozo lineal, primero sobre la cabeza, aumentando la diferencia de tonos entre la espesa melena y la frente. Este mismo trazado se extiende hasta el lado y, por último, hasta la zona inferior. Los rasgos de la cara se comienzan a dibujar mucho más definitivos; sobre la nariz se traza un suave gris que insinúa la inclinación del morro.*

4. *Parece que la forma del león es bastante aproximada a la del modelo; por esta razón se pueden plantear los oscuros que llevan a la consecución de los detalles del rostro y a la textura del pelo del animal. La búsqueda de contrastes permite aislar las zonas de luz que representan volúmenes, como, por ejemplo, en el morro del animal. Estos oscuros tienen que realizarse de manera muy progresiva para que los grises se puedan compensar unos con otros y los valores más densos se sitúen en el lugar adecuado, como en este caso en la melena. El sentido del trazo es muy importante para representar la piel de la cara o los diferentes planos del animal.*

Para dibujar el esquema del león se tiene que partir de formas básicas elementales para encajar correctamente cada una de las partes de su cuerpo.

5. En este paso se van a situar los oscuros principales, a partir de los cuales se elaborarán todos los medios tonos y se reservarán las principales zonas de luz. Se completa la forma de la melena, barajando trazos con diversas intensidades; y se contrastan las líneas que acaban de definir la expresión del animal. En las patas traseras se realiza un doble trabajo de contraste; por un lado se dibuja el fuerte oscuro de sombra en la cara interna de la pata atrasada, y después se traza un gris mucho más tenue con el que se sitúa el brillo sobre esta zona. La forma del brillo indica la musculatura de la pata del animal. Con un trazado mucho más definitivo, se oscurece por completo toda la pelambrera inferior.

6. La forma de las patas recibe una especial atención en el desarrollo de este ejercicio. Como se puede ver, para simplificar el apoyo del león sobre el suelo y darle una mayor naturalidad en el movimiento, las garras no se dibujan por completo, sino que en el plano que coincide con la tierra, la línea queda completamente abierta. Se reafirman las líneas más oscuras y en la pata adelantada se traza un suave gris, con el que se recortan los principales brillos de ésta.

7. Con un suave trazado se oscurece todo el interior del león; la dirección de la línea es muy importante ya que permite insinuar el volumen del tronco. La pata posterior se acaba de dibujar apoyada en el suelo, de la misma manera que las otras, sin cerrar en su base. Los últimos contrastes dibujan la forma de los tendones de las patas y aumentan el tono muscular del animal. Con la goma de borrar se limpian los brillos principales, tanto en el cuerpo como en las patas. Se dibuja el suelo con trazos sueltos que insinúan las hierbas.

ESQUEMA-RESUMEN

Para dibujar **el esquema del león** se tiene que partir de formas básicas elementales para encajar cada una de las partes de su cuerpo.

La forma esencial del animal viene dada por la línea que se forma desde la cabeza a la parte posterior. La curvatura de la espalda es de una gran importancia al situar el tronco y la cabeza.

Las patas se dibujan a partir de sus puntos de flexión; los oscuros permiten darle el volumen necesario.

Con la goma de borrar se abren **los brillos** definitivos en patas y tronco.

Cómo pintó

Claude Lorrain

(Chamagne, diócesis de Toul 1600-Roma 1682)

El Tíber visto desde el Monte Mario

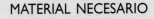

Conoció a Poussin y frecuentó el círculo de pintores internacionales de su época. Su fama se difundió por toda Europa gracias al único tema que desarrolló: el paisaje, del que sólo le interesa la luz. La obra de Lorrain influyó en Turner y los impresionistas. Su obra se encuentra repartida entre las mejores colecciones del mundo.

Aunque hoy día los medios más habituales de dibujo son los llamados *medios secos*, no se debe descartar el uso de la aguada de acuarela o de tinta para practicar sobre obras de gran belleza como ésta que se presenta.

Se puede observar un evidente interés compositivo en la realización de este paisaje; los oscuros representan los árboles como simples manchas, que decrecen en la lejanía, mientras que en el primer término destaca la impactante luminosidad del río.

MATERIAL NECESARIO

Acuarela de color siena o sombra tostada (1), paleta de cerámica o un plato (2), agua (3), pincel de acuarela (4), papel de acuarela (5), lápiz (6) y trapo (7).

1. El dibujo inicial va a formar parte de este proceso como un esquema que se encargue de situar los elementos esenciales sobre el cuadro. Las primeras líneas, realizadas con lápiz, nunca tienen carácter definitivo. El trazo debe ser lo suficientemente fino como para no intervenir demasiado en el supuesto de tenerlo que corregir. Al igual que en cualquier otro dibujo, las líneas principales solamente deben ser preparatorias para el trabajo posterior. Como los diferentes tonos se van a realizar con aguada, en el dibujo inicial se prescinde de plantear otras tonalidades; tan sólo se dibujan líneas.

2. La aguada de acuarela, al igual que la aguada de tinta, consiste en utilizar dicho medio con mayor o menor concentración de agua, de tal manera que el color se puede hacer tan transparente como sea necesario. De este modo Lorrain empezó a plantear el primer tono sobre el cielo. Cabe decir que, al igual que el resto de los procedimientos de dibujo, cuando sobre una capa de pintura se pinta con otra, el resultado es una suma de ambos, por lo que se logra una tonalidad más oscuro. Si este proceso se va repitiendo, el tono inicial se irá oscureciendo progresivamente.

3. *Una vez que se ha secado la tonalidad del fondo, se puede comenzar a dibujar la montaña del término más distante. El tono que se utiliza en esta zona es ligeramente más oscuro que el utilizado en el cielo. El dibujo de la montaña es tenue, pero permite realizar una pincelada muy controlada en su perfil. En la técnica de la aguada se tiene que trabajar siempre con tonalidades claras sobre oscuras, ya que el borrado no es posible una vez que se ha secado; así, las tonalidades más claras y luminosas sirven de base para lograr las reservas también más claras. Bajo la línea del horizonte se pinta con un tono algo más oscuro, hasta llegar a la orilla del río; éste debe permanecer en reserva durante todo el proceso del dibujo ya que es la zona más luminosa del mismo. Sobre la aguada de la orilla se dibujan los primeros oscuros, aunque por efecto de la base húmeda, se fundirán sobre el fondo.*

4. *Mientras se ha estado dibujando el paso anterior, se ha secado la aguada que corresponde a la montaña; ahora se puede intervenir otra vez con un nuevo tono muy luminoso (transparente). Como se puede apreciar, siempre que se suman dos tonos, por muy transparentes que sean, el resultado siempre es de un color más oscuro que cualquiera de los que lo componen. El color de base del monte pasa a ser uno de los más luminosos en las zonas donde éste respira entre trazo y trazo.*

5. *Como se puede ver en este paso, los oscuros que se situaron anteriormente en el margen derecho del río, se han fundido sobre el fondo difuminando sus límites sobre éste. Con un tono medio Lorrain pintó de nuevo sobre el plano, de manera que logró una evidente separación entre éste y el fondo montañoso. En el lado izquierdo se comienzan a dibujar los oscuros que van a servir de base a los tonos posteriores. La forma de los árboles que perfilan la loma se dibuja sobre el tono del fondo con pinceladas concretas. De nuevo, con una tonalidad luminosa, se dibujan los reflejos provenientes del margen derecho del río.*

6. *Los tonos que van a servir de base para el resto del dibujo ya están completos sobre el papel; esto permite poder aplicar las manchas que representan los árboles del paisaje sobre el fondo ligeramente oscurecido. Estas nuevas aportaciones de color son mucho más oscuras que las anteriores, por lo que los contrastes resultan evidentes. Si se observa el modelo, los árboles más oscuros son los que se sitúan a lo largo de la orilla, por lo que en el interior se dejan huecos con la luminosidad original.*

7. *Los contrastes de los árboles del fondo deben ser realizados de manera muy detallada y puntual. En este detalle se puede apreciar cómo evoluciona la forma de los arboles sobre el perfil de la colina. Si se observa el paso anterior, se puede apreciar un oscurecimiento muy evidente de esta zona, donde el tono que antes era el más oscuro, ahora pasa a ser la zona luminosa del nuevo.*

En la técnica de la aguada es necesario tener en cuenta el tiempo de secado de cada capa o tono, ya que, si se pinta mientras el tono inferior permanece húmedo, el efecto de la humedad hará que se mezclen ambas tonalidades

8. *Los oscuros del primer término a la derecha adquieren la forma de la arboleda, donde el tono del fondo pasa a ser el color luminoso de dicha zona, pero es muy importante trabajar sobre seco para evitar que los oscuros se fundan y la pincelada se distorsione. Si se trabaja sobre el fondo seco, la pincelada se podrá controlar como cualquier otro medio de dibujo. Mientras la forma de los árboles del primer término se encuentra húmeda, se pueden abrir claros mediante la absorción de la aguada con el pincel limpio y seco. En el margen derecho del río se insinúan algunas manchas que van a servir de base para las formas finales.*

9. En este último paso, sólo resta aplicar los oscuros que dan forma a los árboles en el margen derecho del río. Estos árboles son distantes, por lo que las manchas son muy pequeñas y componen grupos horizontales.

Sobre el margen izquierdo se insiste con nuevas capas de color para acabar de contrastar los tonos más oscuros. También se interviene en la zona central de dicho bloque para perfeccionar el trabajo y enriquecer detalles.

ESQUEMA-RESUMEN

Mediante **el dibujo** se previenen las formas y cada uno de los planos más importantes.

La primera aguada, muy transparente se aplica sobre el fondo.

La montaña se pinta en dos fases, la primera sobre el fondo del cielo seco, la segunda cuando se ha secado la primera aplicación.

El margen izquierdo es el más trabajado y contrastado; las primeras fases permiten situar los tonos de fondo.

El blanco del río permanece luminoso en todo el proceso del cuadro: tiene que evitarse su manchado.

Cómo pintó
Leonardo da Vinci
(Vinci, Toscana 1452-Le Clos-Lucé, Amboise 1519)

Figura arrodillada

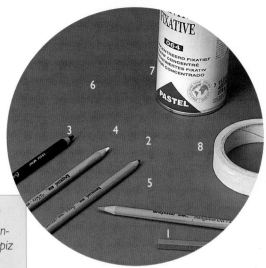

La figura de Leonardo da Vinci es, sin duda alguna, una de las más prodigiosas que ha dado la naturaleza. En su persona se aunaban todas las cualidades que puede tener el ser humano como artista y además destacaba en todas ellas como el mejor: poeta, científico, músico, anatomista y tantos apelativos que en definitiva no harían más que marcar parcelas del todo que es este fenómeno. El Leonardo artista destaca en todos los terrenos, pero su técnica de dibujo lo sitúa como uno de los más grandes estudiosos de la realidad en el Renacimiento.

MATERIAL NECESARIO

Barra de sanguina (1), lápiz de sanguina (2), lápiz conté negro (3), lápiz de creta blanca (4), lápiz de creta sepia (5), papel de color (6). espray fijador (7) y cinta adhesiva (8).

En este capítulo se propone un estudio sobre ropajes. Este tipo de ejercicio era realizado por el artista para obtener en la representación sobre el papel un aspecto tridimensional gracias al estudio de las luces, las sombras y los realces en blanco que permiten contemplar el dibujo como si fuera real. Leonardo utilizaba estos estudios para plantear posteriormente obras al óleo. Antes de comenzar a plantear el dibujo es importante estudiar el modelo. Este primer análisis debe ser minucioso y hecho a conciencia, puesto que a partir de él se podrán situar perfectamente los pliegues y la estructura que forman las luces y las sombras.

2. Con la cinta adhesiva se enmarca el formato que debe tener el dibujo. Una vez encuadrado, con la barra de sanguina se emborrona todo el fondo para permitir una base ligeramente alterada del tono marrón del papel. Además, sobre la base manchada con sanguina, el resto de los medios respirará mucho mejor y se fundirán mejor los tonos. Sobre el fondo emborronado, se dibuja en primer lugar con el lápiz de creta blanca; se marca primero la forma general de la tela, y posteriormente la de las principales líneas de los pliegues. Con el lápiz conté se reafirma el dibujo, asegurando las líneas que deben parecer más definitivas y planteando los primeros oscuros en la parte superior.

3. Con un suave trazado con el lápiz conté negro, se oscurece todo el lateral derecho del dibujo. Estos oscuros deben ocupar únicamente las zonas de sombra de los pliegues, las partes que deban ser algo más iluminadas se dejan sin trazar. No todos los oscuros tienen el mismo tono, por lo que se utiliza el lápiz de color siena para plantear las zonas de sombra en los pliegues que supuestamente ocupan el brazo. Una vez que se han dibujado los oscuros se comienzan a plantear las zonas de contraste más luminosas. Al aplicar los primeros trazos de blanco, la tela parece adquirir un volumen de gran realismo. En el pliegue superior el blanco se funde con los dedos arrastrando parte del gris que lo rodea. Hay que procurar que el trazado tenga la dirección del plano de cada pliegue.

Se debe tener en cuenta el valor que se produce
en el contacto de dos contrastes simultáneos.
Es decir, cuando un contraste muy oscuro
se sitúa al lado de otro muy luminoso, los
tonos medios tienden a desaparecer ante
la fuerte presencia de los nuevos tonos.

3. *Los blancos se dibujan de forma muy gradual, aumentando su intensidad conforme se necesita una zona más luminosa. En el centro del ropaje se acentúa la presencia de los blancos, que no necesariamente tienen que colindar con una zona de sombra oscura; la joroba de sombra coincide a veces con el tono del fondo del papel. Vea el detalle al pie de esta línea.*

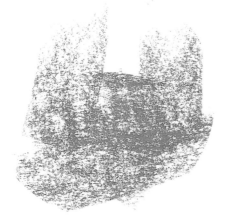

4. *Los contrastes se elevan poco a poco desde los sutiles tonos del fondo hasta trazos que son brillos directos. En la zona superior del ropaje se comienzan a acentuar los fuertes contrastes entre el tono negro del lápiz conté y el blanco luminoso de la creta. Cuando se dibuja una zona con un fuerte tono oscuro, el blanco del brillo se debe compensar para que no domine el oscuro. Los tonos medios de momento no tienen demasiada importancia. La estructura de este dibujo permite un buen estudio de las luces gracias a la previa situación de los contrastes oscuros.*

6. *De nuevo se incrementan los oscuros de la derecha y se acaba de dibujar la forma de la tela. Este gran oscuro se dibuja muy suave, respetando las zonas más luminosas y fundiéndose sobre el fondo. En la forma de pico del pliegue de la zona inferior derecha, el tono oscuro se realiza con mayor contraste; de esta manera se aumenta su profundidad. La figura arrodillada se dibuja muy esbozada, con apenas unos trazos.*

5. *Los blancos de la zona inferior resultaban demasiado luminosos; es necesario restarles presencia con ayuda del trapo, sacudiendo suavemente hasta que el blanco se desprenda en parte de la zona del pliegue central. Esta posibilidad de corrección permitía a Leonardo profundizar en su estudio sobre la luz. Esto será una de las actuaciones que más se tengan que realizar en el presente dibujo, subir o bajar los tonos y contrastes según la necesidad del conjunto. Con el lápiz conté negro se trazan las sombras medias del pliegue vertical; el trazo es suave para evitar que se marque el papel. Después de trazar la sombra, se difumina suavemente sobre el fondo de color sanguina.*

La presión de los diferentes medios sobre el papel puede llegar a cubrir completamente el poro evitando una correcta valoración e imposibilitando el borrado. El sombreado siempre debe ser progresivo en intensidad para que se puedan aportar una gran cantidad de valores tonales.

7. *En este detalle se puede apreciar cómo con unos trazos limpios y firmes se representan pliegues finos y largos en la izquierda del ropaje.*

8. *Los tonos medios de las sombras que no interesa que resulten grises, se refuerzan con el lápiz de creta siena. Con este tono se logra que los duros contrastes provocados por el lápiz conté se integren completamente con la tonalidad de fondo del papel. Los oscuros de la derecha del dibujo se funden suavemente sobre el fondo haciendo que se desdibuje su presencia.*

La creta blanca responde de diferente manera cuando se traza sobre un fondo de sanguina o cuando se dibuja, como en este detalle, sobre el fondo de color negro.

9. *Los realces blancos se dibujan sobre zonas que han sido previamente difuminadas; así se establecen diferentes planos de posición de la tela con respecto a la luz. Por ultimo, se dibujan algunos de los oscuros más densos con trazos muy puntuales. Sólo queda restar algo de presencia al esbozo de la figura arrodillada. Se fija el dibujo, a cierta distancia (unos 30 cm) para que no se apelmacen los tonos. De este modo se da por finalizado este estudio sobre ropajes, un trabajo intenso pero realmente interesante y en el cual hemos seguido un método no muy distinto del que siguió Leonardo para llegar a realizar su obra.*

ESQUEMA-RESUMEN

El fondo se emborrona con la barra de sanguina para producir un tono variado dentro de la uniformidad.

Se aseguran los trazos con **el lápiz negro**.

Se inicia el **estudio de los pliegues** por la zona de las sombras superiores.

Las sombras medias se esbozan con **lápiz sepia**.

Los realces blancos permiten aportar la luz adecuada a los pliegues.

Cómo pintó

Miguel Ángel
(Caprese, Toscana 1475-Roma 1564)

Hoja de estudios para Sibila libia

Miguel Ángel, junto a Leonardo da Vinci, es la figura principal del renacimiento europeo. Sin su presencia, la visión del arte actual tendría unos derroteros completamente diferentes. El dibujo es el medio fundamental de estudio, de acceso a la comprensión del mundo y esto es una evidencia que se hace presente a lo largo de toda su carrera como artista. La magnificencia de su obra no tiene límites; como perfecto renacentista, su ansiedad por el saber le llevó a considerar todas las artes y ciencias y a ser el primero en todas ellas. Su obra ingente culminó con la capilla Sixtina, un trabajo que concluyó en sólo cuatro años de labor continua.

MATERIAL NECESARIO

Papel de color crema (1), lápiz sanguina (2), barra de sanguina (3), lápiz sepia (4), lápiz carbón (5), goma de borrar (6), trapo (7) y fijador en espray (8).

El dibujo de la anatomía es uno de los intereses primordiales de todo artista renacentista. El estudio del cuerpo y el desafío de las leyes visuales supone todo un reto que sólo artistas como Miguel Ángel logran superar con creces. El escorzo del cuerpo consiste en la presentación arriesgada de la pose, donde se muestra cómo una parte del dibujo desafía el plano del papel y se convierte en volumen tridimensional; si se observa el brazo de esta figura, se puede apreciar dicho efecto. Se trata pues de un estudio complejo que requiere dedicación y análisis del modelo, pero, sin duda, es uno de los mejores ejercicios que se pueden realizar.

PASO A PASO: *Hoja de estudios para Sibila libia*, de Miguel Ángel

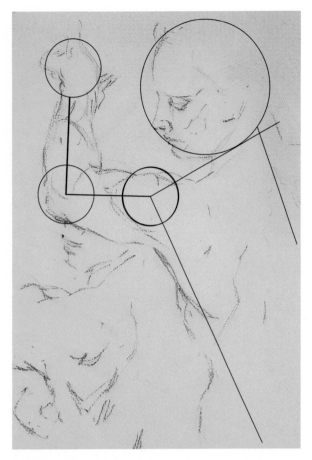

1. *El encaje es la fase más importante de cualquier dibujo, sobre todo cuando se trata de un ejercicio como éste en el que la anatomía es la principal preocupación. El esquema inicial se puede solucionar con formas simples y elementales; éste puede ser siempre un buen recurso para esbozar hasta las poses más complejas. Aquí la cabeza se encaja a partir de un círculo, a partir del cuello se extiende la línea de la columna vertebral que es, en definitiva, la que condiciona la forma de la espalda. Las articulaciones del hombro y del codo se pueden esquematizar a partir de elementos circulares. Sobre este esquema se construye de manera lineal todo el perfil de la figura. Observe la pose del brazo: el antebrazo queda alejado por lo que por efecto del escorzo, se ve mucho más pequeño.*

2. *Una vez realizado el esbozo inicial, se pueden reafirmar las principales líneas de la anatomía. Se empieza por las líneas externas, de tal manera que la estructura de la figura se hace mucho más definitiva. El músculo deltoides se dibuja por encima de la línea del cuello; de la misma forma se da constancia a la forma de la escápula. El rostro se realiza con líneas muy suaves, con las que se intenta buscar en primer lugar los oscuros principales, no tanto por situar las sombras sino por plantear las zonas más iluminadas.*

> Jamás debe empezarse un trabajo sin la realización previa del correspondiente encaje. Esto debe considerarse imprescindible especialmente para un ejercicio de anatomía humana. Realizar una síntesis del conjunto a base de figuras geométricas elementales será siempre el primer paso.

3. *Los oscuros de la cara se suavizan difuminando con la yema de los dedos, integrando el tono sobre el color del papel. El trabajo se centra luego en el desarrollo del brazo; de hecho éste constituirá el centro de atención del presente estudio. La musculatura del hombro se modela como si se tratara de una forma esférica, ligeramente fusiforme por hallarse en tensión. El músculo del hombro se inserta entre el bíceps y el tríceps; esta zona se soluciona con un oscurecimiento de la depresión entre los músculos, mientras que las partes de mayor volumen se dejan mucho más luminosas. En la cara se acentúan los primeros contrastes, que dan lugar al ojo entrecerrado y a la forma de la nariz.*

4. *El antebrazo se dibuja en varias fases perfectamente diferenciadas por zonas; por un lado, ésta se agrisa hasta llegar a los tendones de la muñeca; aquí se redondea y da forma al músculo. El tendón de la muñeca se dibuja mucho más oscuro. Preste mucha atención a dicha zona, ya que es la que aporta verdadera profundidad al escorzo, pues plantea una importante separación entre los planos de luz de la figura. La luminosidad se vuelve a recuperar en el desarrollo de la mano, donde los dedos apenas quedan esbozados.*

6. *Después de haber dibujado cada uno de los rasgos del rostro, se realizan los oscuros que sitúan los diferentes grupos musculares de la espalda. La columna vertebral se localiza con un suave trazado que plantea su sombra; con este mismo tono de sanguina se dibujan también los oscuros de los hombros y de la paletilla. Los oscuros más profundos del brazo se refuerzan con el lápiz de color siena, suavizando su trazo para lograr una mejor integración con el tono de sanguina y con el color del papel que ahora pasa a ser uno más de los tonos utilizados.*

5. *Se puede apreciar claramente la evolución del rostro. En esta parte del dibujo se tiene que hacer un especial énfasis en la búsqueda de las luces a partir de los oscuros. La frente se oscurece con sanguina, dejando el brillo sobre la ceja. De igual forma se deja una línea de brillo en el tabique nasal. Los máximos oscuros del rostro se realizan con el lápiz sepia, sin una excesiva presión, con trazos suaves que permiten encontrar el ajuste perfecto del tono. Se realizan oscuros más profundos en la zona de la boca y en el pómulo así como en el lado derecho de la ceja.*

Los contrastes complementarios hacen que los oscuros situados junto a tonos más luminosos se observen mucho más densos. Lo mismo sucede a los tonos luminosos, que, vistos al lado de los oscuros, aparecen mucho más brillantes.

7. *Con los principales grupos musculares perfectamente localizados, se completa el trabajo anatómico de la espalda con la situación de la forma de las costillas que parten de la columna vertebral. Antes de dibujarlas se pueden esquematizar sus formas curvas; a partir de este esquema se hace mucho más sencillo plantear sus sombras; son precisamente estas sombras las que definen su volumen. Primero se dibuja con sanguina, con un trazado suave; una vez situado el volumen principal, se interviene con el lápiz sepia. Con el lápiz carbón se realizan los realces oscuros en las zonas de sombra más intensa. La función del lápiz carbón en este dibujo es completar la escala de tonos del lápiz sepia.*

8. *En este detalle se puede apreciar cómo queda solucionada la mano; los tonos oscuros se alternan con las partes más luminosas. Como se puede observar, los dedos no se dibujan por completo, sino que apenas quedan esbozados. En esta zona, el trazo adquiere una especial importancia ya que depende de su insistencia el que una zona se aprecie más que otra.*

9. *Con la goma de borrar se abren los brillos más importantes sobre la musculatura, ya que, durante el proceso del dibujo, se han ido creando suaves capas de gris. El trabajo con la goma de borrar tiene que ser muy puntual, ya que, si se borra más de la cuenta, tales realces carecerán de importancia.*
Para finalizar este estudio sobre el dibujo de Miguel Ángel, sólo queda fijarlo para estabilizar los medios utilizados. Una suave rociada, a unos 30 cm, bastará.

ESQUEMA-RESUMEN

La mano se define únicamente en su plano más próximo; los dedos apenas quedan esbozados.

El esbozo de la forma es de una gran importancia; conviene realizarlo a partir de formas geométricas muy sencillas.

Los oscuros del rostro recortan los brillos principales y contrastan fuertemente con éstos.

La musculatura del hombro se entiende como una forma esférica ligeramente alargada.

A partir del **dibujo de la columna vertebral** se trazan las costillas que se plantean a partir de sus oscuros.

Cómo pintó

Georges Seurat
(París 1859-1891)

Un domingo por la tarde en la isla de la Grande-Jatte

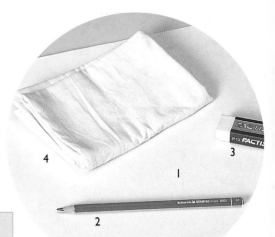

Georges Seurat, junto con Signac, creó el Neoimpresionismo. Desarrolló la técnica puntillista así como un extenso tratado sobre la teoría del color. La obra de Seurat influyó de manera decisiva en maestros como Pissarro o Van Gogh, que llegaron a trabajar según sus teorías. Seurat tuvo muchos seguidores, aunque ninguno logró su maestría. Vivió muy poco, sólo 32 años, aunque su legado pictórico ha sido muy decisivo sobre las posteriores generaciones de artistas.

MATERIAL NECESARIO

Papel (1), lápiz de grafito (2), goma de borrar (3) y trapo (4).

Puede afirmarse que la técnica puntillista surgió a partir de esta obra,. El puntillismo consiste en la mezcla óptica de los colores en la retina del espectador, mediante pequeñas manchas de color. Para la realización de este gran cuadro llevó a cabo numerosas pruebas y bocetos, en los cuales estudió los efectos físicos de la luz sobre cada uno de los elementos de la composición.

Este ejercicio está basado en uno de los muchos apuntes preparatorios que realizó Georges Seurat para la que fue una de sus obras emblemáticas. No se trata de un dibujo de marcado carácter realista; su interés es compositivo y de estudio de la luz.

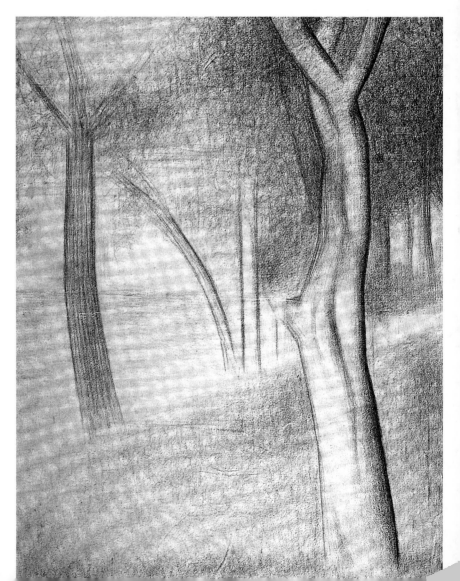

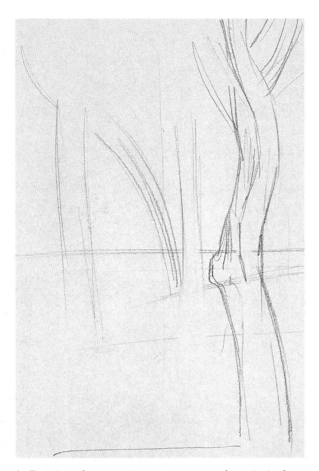

1. En primer lugar se tienen que separar las principales partes del cuadro que se establecen a partir de la línea del horizonte. Esta primera fase del dibujo es de gran importancia para el resto de la composición, pues el reparto de los pesos del cuadro va a tener al horizonte como principal punto de equilibrio. Una vez que se ha marcado la línea del horizonte, se dibujan los árboles; éstos se sitúan primero de forma muy esquemática. Cuando su ubicación es correcta, el dibujo se reafirma con un trazo mucho más seguro.

2. En este dibujo, la aportación de los oscuros tiene que ser muy progresiva, siempre teniendo en cuenta el desarrollo que Seurat realizó en su estudio original. Cuando están perfectamente planteados los troncos de los árboles, se inician los primeros oscuros, primero en el césped, con un trazado vertical, alargado y suave; en esta zona se desarrolla una sombra triangular que se logra con una mayor intensidad del trazo. En la parte superior se observa un fuerte oscuro, que contrasta con la forma del árbol, mucho más luminosa.

En el momento de plantear un trabajo, en vez de contemplar los detalles y matices, se debe resumir su visión en un conjunto de masas o zonas de luz y de sombra que se combinan y yuxtaponen. Esto condicionará el arranque del trabajo e irá marcando el camino a seguir para concretar las formas, establecer los volúmenes y resolver los detalles.

3. En este detalle se puede observar uno de los intereses primordiales de Seurat: su constante referencia al efecto que se produce entre los contrastes del cuadro. Seurat estudiaba a fondo cada una de las fases de sus cuadros; para ello realizaba gran cantidad de estudios sobre los que proponía experimentos visuales como el juego entre los contrastes simultáneos o complementarios. Observe la evolución de este detalle a lo largo de todo el proceso del dibujo: cuanto más oscuro sea el tono que rodea al árbol, éste se verá más luminoso.

4. Los oscuros con el lápiz de grafito pueden alcanzar densidades muy profundas de gris, dependiendo, por supuesto, de la gradación del lápiz que se esté utilizando y de la presión que se ejerza sobre el papel. En estas primeras fases del dibujo no interesa lograr unos oscuros demasiado intensos; importa mucho más la consecución de cada una de las zonas de gris. Se dibuja el tronco de la derecha con un tono oscuro, sin llegar a cerrar el poro del papel; el trazado tiene que seguir perfectamente la forma del tronco.

6. *El trazo del lápiz se intensifica en toda la zona superior, lográndose un tono medio bastante intenso. Ahora toda la zona intermedia, así como el árbol central, es la que presenta una mayor luminosidad. Antes de continuar, se emborrona suavemente todo el dibujo con los dedos. Gracias a que se está utilizando un lápiz blando, es posible conseguir un difuminado tan suave; no se tiene que apretar demasiado para evitar que se desdibujen las líneas. En el árbol de la izquierda se aumenta el trazado, definiendo la textura de la corteza.*

5. *Se reafirman los perfiles de los árboles con un trazo suave, pero decidido. Este mismo trazo se repasa cuantas veces sean necesarias, hasta lograr el tono deseado. No todos los árboles se perfilan con la misma intensidad; el que recibe un trabajo más intenso es el que está en el primer término. Sobre este árbol se realizan los primeros contrastes, iniciando el trazado desde la zona superior; al oscurecer esta zona, desciende el contraste del fondo oscuro, por lo que es necesario un aumento del trazado sobre el fondo para que el árbol adquiera de nuevo el contraste con respecto a éste. Con la goma de borrar se abre la zona de luz sobre el césped.*

Para el dibujo es importante utilizar el material más adecuado; así, por ejemplo, con lápices duros no es posible lograr difuminados y su borrado se hace difícil.

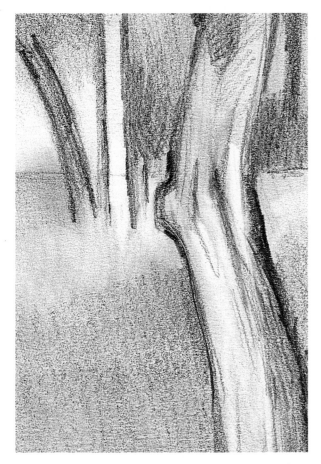

7. *En este detalle se puede apreciar cómo se dibuja la textura del árbol del primer plano. El contraste es muy importante para solucionar los claros y oscuros de dicha zona. La corteza se dibuja con trazos oscuros, sin demasiada presión; estos trazos se difuminan suavemente con el dedo y acto seguido al lado de cada trazo, con la goma de borrar se abre un luminoso brillo.*

Para mantener la punta afilada sin tener que hacer punta constantemente, se puede utilizar un trozo de papel de lija.

8. *En el árbol de la izquierda los contrastes se hacen ahora mucho más evidentes. Los trazos son más lineales y se realizan más oscuros. Los contrastes afectan a todo el cuadro; la zona superior se oscurece notablemente con un trazado suave y se difumina con la yema de los dedos. También se comienza a plantear la textura del árbol del primer término. La sombra que este árbol proyecta sobre el suelo se traza de forma muy suave e insistente sin dejar constancia del trazo.*

9. *Se aumentan los contrastes del árbol del primer término; en la rama superior se dibuja con fuerza hasta lograr un negro bastante intenso, aunque sin llegar a cubrir por completo el blanco del papel. En el lado derecho de este árbol también se intensifican los oscuros. Los brillos de la corteza se hacen mucho más luminosos con la goma de borrar. Para terminar, los contrastes se continúan realizando en cada una de las zonas del cuadro, en el césped, en la arboleda del fondo y muy suavemente en el primer término, a la izquierda.*

ESQUEMA-RESUMEN

El estudio compositivo se inicia con el reparto de las principales zonas del cuadro, que se comienza con la línea del horizonte y los árboles.

Tras difuminar **los grises del césped,** se contrasta de nuevo con el fin de equilibrar el juego de los contrastes.

Los primeros oscuros recortan la forma del árbol del primer término.

En el árbol central se realiza un interesante estudio sobre los contrastes simultáneos.

Los blancos más luminosos se logran con la ayuda de la goma de borrar.